Hans-Christian Witthauer / Thomas Saller
Führung und das 3 Alpha Prinzip –
Militärisches Handwerkszeug
für den zivilen Führungsalltag

Standpunkte und Orientierungen: Band 16
Herausgegeben von Uwe Hartmann

Hans-Christian Witthauer / Thomas Saller

Führung und das 3 Alpha Prinzip
–
Militärisches Handwerkszeug für den zivilen Führungsalltag

2024

Carola Hartmann Miles-Verlag

Bibliografische Information der Deutschen Nationalbibliothek
Die Deutsche Nationalbibliothek verzeichnet diese Publikation in der Deutschen Nationalbibliografie; detaillierte bibliografische Daten sind im Internet über www.dnb.de abrufbar.

© 2024 Carola Hartmann Miles-Verlag, Berlin
www.miles-verlag.jimdo.com
email: miles-verlag@t-online.de

Herstellung: Libri Plureos GmbH, Friedensallee 273, 22763 Hamburg

Zweite ergänzte Auflage

Printed in Germany

ISBN 978-3-96776-056-9

Inhalt

Vorwort

Mit großer Freude habe ich dieses Buch gelesen – Erfahrungen aus der militärischen Praxis für die Führungspraxis in der Wirtschaft.

Schon als junge Führungskraft bei der Motoren und Turbinen Union München/Friedrichshafen habe ich Mitte der Achtzigerjahre des letzten Jahrhunderts aus dem Dienst ausscheidende Hauptleute, die so genannten „Zwölfender", in professioneller Bewerbung für die Laufbahn-Gestaltung in der Wirtschaft trainiert.

Dabei habe ich auch nicht wenig für meine eigene Führungspraxis gelernt. Erstaunt vernahm ich von den teilnehmenden Offizieren, dass beim Militär der Befehl von oben vom Untergebenen wiederholt wird. Eine praktische Übung, um grobe Missverständnisse gleich beim Entstehen auszuräumen.

Gemäß der Devise: gesagt ist nicht gehört, gehört ist nicht verstanden, verstanden ist nicht einverstanden.

Präzision und Klarheit der Anordnung ist in „High Reliability-Organisationen" wie dem Militär unumgänglich. Und Wirtschaftsunternehmen werden zunehmend ebensolche Hochzuverlässigkeitsorganisationen.

Das im Militär übliche „Führen mit Absicht" und die Delegation des "Wie" an den Untergebenen erfordert geradezu das Backbriefing an den Vorgesetzten. Das ist eine deftige Attacke auf die in der Wirtschaft häufig übliche Untugend ständiger mikropolitischer Eingriffe von oben.

Viel später, als ich vor zehn Jahren in den Beirat für Fragen zur Inneren Führung des Bundesministers der Verteidigung berufen wurde, habe ich aber auch verstanden, dass es einen gravierenden Unterschied gibt zwischen der operativen Truppe und den Dienstsitzen des Apparates, der Hardthöhe und des Bendlerblocks. Erstere ist eine Organisation, die auf Krise und Dynamik und damit auf schnelles Entscheiden ausgerichtet ist. Zweiteres ist ein lavierender Apparatus, der sich in seinen eigenen bürokratischen Zwängen verfangen hat.

Insofern ist das vorliegende Buch eines aus der Praxis für die Praxis, nur eben in unterschiedlichen Sektoren. Mein Dank gilt den Autoren, die sich die Mühe dieser Übersetzungsarbeit aus militärischer in wirtschaftliche Praxis gemacht haben.

Thomas Sattelberger
Parlamentarischer Staatssekretär a.D.
Mitglied Deutscher Bundestag 2017–2022;
zuvor 40 Jahre in Management-Positionen
in der Wirtschaft tätig.

Von den Streitkräften lernen?

Das vorliegende Buch befasst sich mit der Frage der Übertragbarkeit militärischer Führungsgrundsätze auf den Alltag ziviler Führungskräfte. Wo gibt es im Führungsalltag militärisch und zivil Gemeinsamkeiten und wo finden wir Unterschiede? Wann ist das Anwenden militärischen Handwerkzeugs in puncto ziviler Führung zweckmäßig? Und wann mag es dabei besondere Herausforderungen oder gar Grenzen geben? Dies ist auch für mich als Führungskraft in der Bundeswehr und (ehemaligen) Kommandeur Zentrum Innere Führung eine spannende Frage.

Letztendlich geht es bei Führung insbesondere um Entscheiden und Verantworten. Mitarbeitende haben den Anspruch, geführt zu werden. Sie haben den Anspruch, dass Vorgesetzte entscheiden und dafür Verantwortung übernehmen. Die Pflicht des Führens, Entscheidens und Verantwortens ist für mich eine der bedeutendsten Aufgaben eines Vorgesetzten. Man kann entscheiden, nichts zu tun. Aber man kann nicht nicht-entscheiden. Entscheidungen – auch mit weitreichenden Konsequenzen – können falsch sein, gerade unter Zeitdruck und ohne Kenntnis aller relevanten und notwendigen Informationen. Auch eine zu späte Entscheidung wirkt kontraproduktiv. Wer führen will, vor allem wer mit Auftrag führen will, also mit Handlungs- und Gestaltungsfreiraum für die Mitarbeitenden, muss eindeutige Vorgaben machen, muss den Rahmen setzen und zwischenmenschliche Beziehung gestalten. Die eigene Absicht – was wir in der Bundeswehr als „3a" bezeichnen – zu formulieren, ist dabei eine Kunst und eine Verpflichtung zugleich.

Die Absicht der übergeordneten Führung bzw. des Vorgesetzten – Commander's intent – muss jedem klar sein. Denn nur dann kann auf Distanz oder bei Abbruch von Verbindungen sowie bei einer grundlegenden Lageänderung im Sinne der übergeordneten Führung verzugslos, rasch und zielgerichtet gehandelt werden. Wer mit Auftrag führen will, muss Verantwortung übernehmen und auch mit Fehlern angemessen umgehen, vor allem aber vertrauen.

Aus eigener Führungserfahrung nach über 37 Dienstjahren im „normalen" Dienstalltag sowie insbesondere im Einsatz bin ich absolut davon überzeugt, dass die militärische Ausbildung und unsere militärischen Führungsgrundsätze hervorragend sind.

Erlauben Sie mir zur Erläuterung ein persönliches Beispiel. Nur wenige Stunden nach Übernahme der Verantwortung als Kommandeur des Deutschen Einsatzkontingents Resolute Support / Commander Train, Advise and Assist North in Afghanistan am 10. November 2016 erfolgte ein verheerender Anschlag auf das Deutsche Generalkonsulat in Mazar-e Sharif. Eine Situation, die mich ohne intensive Vorbereitung dazu zwang, in kürzester Zeit (Minuten) Entscheidungen zu treffen, die sogar über Leben und Tod richten konnten. Nach drei Tagen Übernahmezeit hatte ich im Ergebnis nur wenig Kenntnisse über die eigene Truppe, über die afghanischen Sicherheitskräfte einschließlich deren Ausbildungsstand und Fähigkeiten, das Gelände und konkret über den Anschlagsort. Die Lage am Deutschen Generalkonsulat war völlig unklar, undurchsichtig und mit mehr Fragen als Antworten vor allem über die eigenen Kräfte und die Angreifer gekennzeichnet. Ohne bei der Leitung in Berlin nachfragen zu können, war mir bewusst, was man von mir erwartete – unter jeden Umständen die deutschen Staatsbürger zu retten. Und dabei schenkte man mir Vertrauen. Denn schließlich hatte man mir über ein Jahr lang die Verantwortung für das Leben von über 2.500 deutschen und internationalen Soldatinnen und Soldaten zur Erfüllung des militärischen Auftrags übertragen. Unter Beteiligung meiner Berater lief in mir die Beurteilung der Lage, die Entschlussfassung und Befehlsgebung rasend schnell wie in einem Film ab. In dieser realen Einsatzsituation habe ich persönlich erleben dürfen, wie herausragend gut unsere Ausbildung ist, und dass wir damit als militärische Führer in kürzester Zeit, im Chaos und auch ohne Kenntnis aller Informationen in der Lage sind, zu einem zweckmäßigen Entschluss zu kommen. Spätestens seitdem vertraue ich unserer Ausbildung.

Nun muss es nicht gleich eine solch kritische Situation sein, sondern kann jede alltägliche Entscheidungssituation ziviler Führungskräfte betreffen, in denen Führung und die Übernahme von Verantwortung erforderlich sind. Das militärische Handwerkszeug in Bezug auf die Beurteilung der Lage (Situation), die Entschlussfassung sowie die Formulierung der eigenen Absicht – was also am Ende herauskommen soll – mit der Vergabe von Aufträgen an die Mitarbeitenden unter dem Grundsatz des Führens mit Auftrag kann nach meiner festen Überzeugung ebenso erfolgreich auf zivile Führungssituationen übertragen werden. Genau genommen finden wir – wenngleich in anderer Sprache, häufig auch ins Englische übersetzt – insbesondere militärische Führungsverfahren und -instrumente auch in der zivilen Arbeitswelt weit verbreitet.

Beide Autoren kennen den Alltag und die Herausforderungen ziviler Führungskräfte bestens. Herr Hans-Christian Witthauer hat die militärischen Führungsgrundsätze nicht nur selbst in Ausbildung sowie Übung erlernt und erfahren, sondern in Führungsfunktionen innerhalb und auch außerhalb der Bundeswehr erfolgreich angewandt. Herr Thomas Saller kennt die zivile Führungswelt und deren spezielle Herausforderungen durch unzählige Führungskräftetrainings genau, in denen er bereits umfangreiche und positive Erfahrungen in der Anwendung militärischer Führungsgrundsätze übertragen auf den Alltag ziviler Führungskräfte machen konnte.

Für mich ist dieses Buch eine spannende Lektüre, die dazu einlädt, aus einer „Tool-Box" jeweils situationsbezogen, individuell und flexibel militärische Führungsgrundsätze auf die Alltagswelt ziviler Führungskräfte zu übertragen.

André Bodemann
Generalleutnant

Wie dieses Buch entstand

Nach 25 Jahren Dienst als Generalstabsoffizier in der Bundeswehr habe ich in die „zivile Welt" gewechselt und dort in unterschiedlichen Führungspositionen mein erlerntes Führungshandwerk täglich angewendet. Seitdem habe ich mich mit der Übertragung bzw. Nutzbarkeit von militärischem Führungshandeln in Behördenorganisationen und Wirtschaftsunternehmen beschäftigt. Ich habe diverse Vorträge gehalten und Lehraufträge zu dieser Thematik wahrgenommen, mit Freunden und Kameraden darüber diskutiert und irgendwann angefangen, es aufzuschreiben. Die Corona-Pandemie tat das Ihrige, und so wurde aus der losen Blattsammlung immer mehr eine Art „Buch".

Meine darin geschilderten Erkenntnisse und Beobachtungen resultieren aus jahrelanger Führungsverantwortung in unterschiedlichen militärischen und zivilen Ebenen und Institutionen, teils auch in handfesten Krisenszenarien oder im Auslandseinsatz.

Lernen vom Militär, geht das, macht das Sinn? Kenny Kirstges – selbst ehemaliger Soldat, Extremsportler und Führungskräftetrainer – hat das in seinem Buch mit dem Titel Führe! wie folgt beschrieben: „Unter Stress, Bedrohung, regelmäßig unter Lebensgefahr – fern von der Familie und Heimat – wirkt die Arbeit von Soldaten und Soldatinnen wie ein faszinierender Komplex mit einem Aufgabenspektrum, welches größer ist als das manchen Weltkonzerns. Von Marketing über Logistik, IT zu Controlling und Ausbildung bis auf universitäres Niveau, ist bei den Streitkräften gebündelt alles unter einem Dach.

Eine Besonderheit, die jedem einen gewissen Respekt abnötigen sollte. Und wenn man etwas respektiert, sollte man auch davon lernen".[1]

Führungskräfte benötigen einen bunten Strauß an Werkzeugen, um Führungsleistung wirksam werden zu lassen. Diese Ausführungen stellen Handwerkszeuge dar, die in der militärischen Praxis erfolgreich angewendet werden und auch in den zivilen Führungsalltag übertragbar sind.

An diesem Teil kommt Thomas Saller als Co-Autor ins Spiel. Seit über 20 Jahren unterstützt er Führungskräfte dabei, in ihrer jeweiligen Führungsrolle wirksam zu werden – in Form von Trainings, Talententwicklungsprogrammen, Coachings und Shadowing am Arbeitsplatz.

Über die Jahre hat er ein umfangreiches Repertoire an Denkansätzen, Modellen, „Frameworks" und Übungen entwickelt, die angehenden oder gestandenen Teamleitern, Abteilungsleitern, Bereichsleitern und Geschäftsführern dabei helfen können, ihren Führungsalltag noch besser und erfolgreicher zu gestalten. Diese reichen von Kotter's Schritten des Change-Managements über Hersey & Blanchard's Ansatz zur situativen Führung bis hin zu Covey's Kreismodell zum eigenen Einflussbereich.

In den letzten Jahren hat er – auch angeregt durch viele gute Gespräche mit dem Erstautor Hans-Christian Witthauer – zunehmend Methoden aus dem Militärischen in seinen Führungs-Curricula vorgestellt und mit den Führungs(nachwuchs)kräften geübt.

---

[1] Kirstges, Kenny: Führe! (kindle direct publishing; 2. Auflage) 2021, S. 7

Themen wie der „militärische Dreiklang" oder der „Backbrief to the Commander" kommen nicht nur im Seminarraum oder im Hörsaal gut an – Teilnehmer erinnern sich auch Jahre später noch an sie und berichten Herrn Saller immer wieder, dass ihnen der Transfer in den Berufsalltag gelungen ist.

In diesem Sinne hoffen wir beide – Hans-Christian Witthauer und Thomas Saller – etwas niedergeschrieben zu haben, was Führungskräfte anwenden und in den eigenen Führungsalltag integrieren können. Da jeder Arbeitsstil sehr persönlich ist, bitten wir die Leser selbst zu entscheiden, welche der vorliegenden „Handwerkzeuge" sie übernehmen wollen. Wir sind aber fest davon überzeugt, dass es viele übertragbare Elemente gibt.

Im folgenden Text gelingt es nicht immer, die aktuelle Form des Genderns anzuwenden. Lesende jedes Geschlechtes fühlen sich dabei bitte in gleicher Weise angesprochen. Auch die Bezeichnung ‚Untergebene' ist im Dokument nicht abwertend gemeint, sie beschreibt vielmehr das Verantwortungsgefüge und die unterschiedlichen hierarchischen Stellungen[2].

Unsere Ausführungen haben zudem keinen Anspruch, ein wissenschaftliches Lehrbuch zu sein. An der einen oder anderen Stelle mag eine Fußnote als Quellenangabe notwendig sein, aber über die Jahre, in denen dieses Dokument „gewachsen" ist, sind sicherlich einige verloren gegangen. Dies ist keine Absicht, und wir bitten um Nachsicht.

---

[2] Kirstges, Führe!, a.a.O., S. 7

Schon in einem Artikel vom 2. April 2019 beschreibt der Spiegel, dass Arbeitgeber zunehmend das Qualifikationsniveau von Mitarbeitern mit militärischem Hintergrund schätzen.

Friedrich Menz, Senior Supervisor des renommierten Hay Learning Center, beschreibt in einem LinkedIn Post von Oktober 2022 acht Gründe, warum ehemalige Soldaten eingestellt werden sollten. Neben Loyalität, Belastbarkeit und Einsatzbereitschaft betont er dabei besonders ihre Führungskompetenz.

Als in der Pandemie Generalmajor Carsten Breuer zum Leiter des Krisenstabs ernannt wird, wird die nationale Presse nicht müde, den „Corona-General" für seine Führungskompetenz zu preisen. Einige Zeitungen merken an, dass auch in Portugal und Italien Generäle als oberste Corona-Bekämpfer große Erfolge feiern.

Es scheint sich also immer mehr herumzusprechen, wie sinnvoll militärisches Handwerkszeug im zivilen Führungsalltag ist. Wir hoffen, mit diesem Buch einen kleinen Beitrag dazu zu leisten, diesen Gedanken nicht nur weiter zu verbreiten, sondern ganz konkret zu zeigen, was Sie als zivile Führungskraft aus dem Militärischen lernen können.

Nach vielfältigem Feedback, Anregungen und Ermunterungen haben wir nun eine überarbeitete, zweite Auflage geschrieben, die Sie nun in ihren Händen halten.

Hans-Christian Witthauer   Thomas Saller

Militärisches Führungshandwerk für den zivilen Führungsalltag

Ein Beispiel aus der Praxis

Der erste Abend des "Future Leader Programms" bei der Hamburger Inhouse-Beratung CCF gilt als Highlight der begehrten Seminarreihe für angehende Führungskräfte.

Tagsüber haben sich die Teilnehmer mit den Grundlagen der Mitarbeiterführung und Selbstführung beschäftigt. Nach dem Abendessen steht traditionell ein „Fireside Chat" auf dem Programm, bei dem eine erfahrene Persönlichkeit aus einem anderen Bereich als der Wirtschaft von ihren Führungserfahrungen berichtet.

Doch bei den Inhouse-Beratern, meist um die 30 Jahre alt, herrscht Skepsis, als der Trainer ankündigt, dass an diesem Abend ein Offizier der Bundeswehr Rede und Antwort stehen wird.

„Ein bisschen über den Tellerrand schauen ist ja schön und gut, aber das hat doch wirklich nichts mit unserer Arbeit zu tun", meldet sich Anja, eine selbstbewusste Senior Beraterin, die kurz vor ihrer Beförderung zur Projektleiterin steht. „Ja, genau", stimmt ihr Kollege Tobias ein. „Die Gruppe letztes Jahr hatte einen Spitzensportler aus dem Basketball als Gastredner, davon konnte man sicher mehr mitnehmen."

„Ruhe hier und stramm gestanden, Tobias", scherzt Sebastian, einer der erfahrensten Teilnehmer des Seminars: „Hast du überhaupt gedient?"

Diese Unterhaltung ist symptomatisch für die weit verbreitete Vorstellung, dass militärische Führung in der modernen Wirtschaft wenig Relevanz hat und häufig fälschlicherweise mit rigiden Hierarchien, Befehlen und blindem Gehorsam gleichgesetzt wird. In persönlicher Kenntnis beider Welten gibt es jedoch viele Prinzipien und Konzepte der militärischen Führung, die sich erfolgreich auf den zivilen Führungsalltag übertragen lassen und die von zeitloser Relevanz sind.

Erstaunlicherweise finden sich viele militärische Begriffe und Konzepte in der Sprache der Wirtschaft wieder – nicht nur in der Rhetorik, sondern auch in der Praxis:

- CEO (Chief Executive Officer) oder CIO
- Operativ *und* strategisch *denken und handeln*
- Feindliche Übernahme
- Waffengang der Gewerkschaft
- Parteisoldat
- Die Aufgabe in Angriff nehmen
- Den Markt erobern

Auch Auswahlverfahren von Nachwuchsführungskräften – Assessment Center – haben ihren Ursprung in der Offiziersauswahl.

Der derzeit sich in aller Munde befindende Terminus Agilität oder der Begriff VUCA[3] entstammen ebenfalls dem Militär.

Die Geschichte zeigt, dass das Militär seit jeher ein wichtiger Innovationstreiber war und ist. Viele Entwicklungen, die ursprünglich für den Verteidigungsfall oder die militärische Logistik gedacht waren, finden heute in der Zivilwelt Anwendung. Von technischen Innovationen bis hin zu organisatorischen und methodischen Ansätzen – das Militär hat eine Vielzahl an Konzepten hervorgebracht, die heute in der modernen Unternehmenswelt nicht mehr wegzudenken sind.

Einige Beispiele für Innovationen aus dem Militär

Internet

Das heute weltumspannende Computernetz wurde vom amerikanischen Verteidigungsministerium initiiert, um im Falle eines Atomschlages den Netzverbund unterschiedlicher militärischer Computersysteme sicherzustellen. Aus diesem Grund wurde das Netz nicht hierarchisch angelegt.

Drohnen

Den ersten Einsatz hatten Drohnen 1849. Damals nutzte Österreich-Ungarn mit Bomben ausgestattete Ballons.

---

[3] VUCA: Volatility, Uncertainty, Complexity, Ambiguity

Penicillin

Das War Production Board, ein Regierungsausschuss für die amerikanische Kriegswirtschaft, machte die Massenherstellung des Medikaments Penicillin, neben der Entwicklung der Atombombe, zu einem seiner wichtigsten Projekte.

Projektmanagement

Als Startpunkt des „modernen" Projektmanagements wird in der Literatur immer wieder das „Manhattan District Project" genannt – der Bau der ersten Atombombe.

Eisenhower-Prinzip

Eine wichtige und weitverbreitete Technik aus dem Zeitmanagement. Sie hat ihren Namen vom früheren US-Präsidenten Dwight D. Eisenhower, dem man nachsagt, er hätte dieses Verfahren selbst angewendet und auch seinen Mitarbeitern gelehrt.

Gute Kinderbetreuung[4].

Die amerikanischen Streitkräfte haben erkannt, dass je weniger sich die Soldaten um das Wohl ihrer Lieben daheim sorgen müssen, desto besser können sie ihre Mission erfüllen. Das „Family Readiness System" wurde geschaffen und umfasst neben vielen Dienstleistungen auch die qualifizierte Kinderbetreuung.

Das „Militärische" hat also längst Eingang in den zivilen Führungsalltag gefunden.

---

[4] Vgl. Welt am Sonntag: „Marschbefehl zum Wickeltisch", Ausgabe vom 22. Mai 2022, S. 28

In den letzten Jahrzehnten hat sich das Militär von einer stark hierarchischen Organisation hin zu einer flexiblen, agilen und schnell entscheidungsfähigen Struktur entwickelt, die auf komplexe und sich rasch verändernde Situationen reagieren kann. Diese Entwicklung ist vergleichbar mit den modernen Unternehmen, die sich auf volatile Märkte einstellen müssen und agile Methoden einsetzen, um ihre Wettbewerbsfähigkeit zu erhalten.

Die Bundeswehr hat in den letzten Jahren bewiesen, dass militärische Strukturen auch im zivilen Bereich effektiv und effizient eingesetzt werden können, z.B. in Krisensituationen wie Naturkatastrophen, der Flüchtlingskrise 2015 oder der COVID-19-Pandemie. Die Fähigkeit, innerhalb kürzester Zeit Task Forces zu bilden und zielgerichtet einzusetzen, spiegelt sich in der Unternehmenswelt wider, wo ähnliche Konzepte wie Projektgruppen und interdisziplinäre Teams zum Einsatz kommen.

Die Streitkräfte bilden Grundsätze aus, nach denen Führungskräfte ohne Anlaufzeit in wechselnden Strukturen zusammenarbeiten können.

Die Beispiele der vorherigen Seiten zeigen: Viele militärische Führungsgrundsätze lassen sich auch im privaten Sektor anwenden.

Die Prinzipien der militärischen Führung – wie Klarheit in der Kommunikation, Flexibilität, Schnelligkeit in der Entscheidungsfindung, strategisches Denken und operative Exzellenz – sind heute auch im privaten Sektor von unschätzbarem Wert. In Ländern wie den USA oder der Schweiz haben viele Führungskräfte eine militärische Vergangenheit, die ihnen geholfen hat, in herausfordernden Situationen die richtigen Entscheidungen zu treffen.

Auch sind militärische Elemente Bestandteil von vielen Managementseminaren und einschlägigen Veröffentlichungen.

Jack Welch, der legendäre ehemalige CEO von General Electric, war ein bekannter Bewunderer von Carl von Clausewitz und dessen Prinzipien aus „Vom Kriege". Diese Prinzipien betonen die Bedeutung von Strategie, Initiative und Flexibilität – Qualitäten, die auch heute noch in der modernen Geschäftswelt geschätzt werden. Die Boston Consulting Group (BCG) war so beeindruckt von den militärischen Strategien, dass sie ein Buch mit dem Titel „Clausewitz – Strategie denken" herausgab, um diese Prinzipien auf die Geschäftswelt zu übertragen.

Noch weiter zurückliegend zeigt die anhaltende Popularität von Sun Tzus „Die Kunst des Krieges", einem Werk aus dem 5. Jahrhundert v. Chr., dass Führung und Strategie zeitlose Konzepte sind. Dieses Buch ist nicht nur eine militärische Schrift, sondern wird auch heute noch als einer der besten Management-Ratgeber betrachtet.

Heutige Führungskräfte, die sich mit militärischen Prinzipien auseinandersetzen, können viel lernen – insbesondere in Bezug auf Resilienz, Agilität, klare Kommunikation und strukturiertes Vorgehen in komplexen Situationen. Diese Prinzipien unterstützen Unternehmen dabei, schnell und zielgerichtet zu agieren, was insbesondere in Zeiten von Krisen und schnellem Wandel unerlässlich ist.

Einige Top-Führungskräfte mit militäri-schem Hintergrund

Alex Gorsky, CEO Johnson Johnson

Lowell McAdam, CEO Verizon

Fred Smit, CEO Fedex

Robert McDonald, ehem. CEO P&G

Tom Enders, ehem. Vorstandsvorsitzender Airbus

Riet Cadonau, ehem. CEO dormakaba

Militär braucht leicht zu erfassende, klare Leitlinien (eben Führungsgrundsätze und Handwerkszeug), die auch in einer Krise oder in Ausnahmesituationen Bestand haben. In der modernen Literatur wird dies dann oft als Neuerfindung des Wesens von Führung „verkauft".

Wer glaubt, dass besonders Militärs in der Vergangenheit leben, liegt falsch. Die folgenden Vorurteile werden gegenüber dem Militär immer wieder vorgebracht, stimmen aber nicht mit der Realität überein:

Klassische Vorurteile zum Militär

a) Führung bei der Armee ist nur Befehl und Gehorsam.

b) Das Militär lebt in der Vergangenheit.

c) Führungsprinzipien beim Militär lassen sich nicht aufs Zivile übertragen.

„Führung bei der Armee ist nur Befehl und Gehorsam"

Militärisches Führungsverhalten selbst ist nicht auf Befehl und Gehorsam reduzierbar, auch wenn dies in besonderen Situationen seine Berechtigung haben kann.

Entscheidungen und Handwerkszeug wurden einem „natürlichen" Feedbackprozess unterzogen: Waren Entscheidungen falsch, so wurde im schlimmsten Fall mit Blut bezahlt. Daher hat sich militärisches Handwerkzeug immer weiter optimiert und entwickelt.

„Das Militär lebt in der Vergangenheit"

Militärische Entwicklungen waren immer Treiber der Gegenwartstechnologie. Soldaten mussten immer bereit sein, sich aufgrund verändernder Umstände anzupassen. Auch die gesellschaftliche Entwicklung und die Anforderungen, die an das Militär als Einsatzmittel der Politik gestellt werden, befinden sich in stetem Wandel.

„Führungsprinzipien beim Militär lassen sich nicht übertragen"

Im Folgenden seien hier einige militärische Führungsgrundsätze bzw. „Handwerkszeuge" dargestellt, die sich so auch in zivilen Organisationen anwenden lassen. Eine Grundidee in der militärischen Ausbildung ist: Führung als „Handwerk" ist erlernbar, es erfordert Fleiß und Geduld.

Führungskräfte beim Militär lernen Führung von der Pike auf. Studiengänge oder Managementseminare können dies nicht ersetzen. Führungskräfte in den Streitkräften lernen Führung in jahrelanger Ausbildung und haben schon als junge Offiziere umfangreiche Führungsverantwortung z.B. als Zugführer. Sie durchlaufen einen systematischen Aufbau, der sie langsam an komplexere Aufgaben heranführt. Die Anforderungen an ihr Handeln und die zu treffenden Entscheidungen sind standardisiert und verlaufen nach immer gleich aufgebauten und vielfach eingeübten Abläufen. Diese sollen dabei helfen, überall und mit jeder Aufgabe, die sich ihnen stellt, fertig zu werden[5].

Dennoch muss gesagt werden: Natürlich gibt es bei der Übertragbarkeit der Führungsmethoden auch einige Grenzen.

Der Co-Autor hat in vielen Coachings mit Führungskräften, die vom Militär in die Wirtschaft gewechselt sind, die folgende Erfahrung gemacht: Militärische Führungskräfte haben oft Schwierigkeiten, wenn Mitarbeiter sich aus ihrer Sicht irrational verhalten und dies keine spürbaren Konsequenzen hat.

Mikropolitische Spiele, Machtkämpfe und suboptimale Entscheidungen aufgrund interner Konkurrenz kommen in Wirtschaftsunternehmen, besonders in größeren Konzernen, immer wieder vor. Diese Form der Organisationspolitik schadet oft der Bilanz des Unternehmens. Die Wahrscheinlichkeit, dass einzelne Akteure dafür zur Rechenschaft gezogen werden, ist deutlich geringer als bei einer Fehlentscheidung oder Befehlsverweigerung im Militär. Solches Verhalten wird in der Wirtschaftswelt häufig toleriert und von vielen Managern als „lästige Begleiterscheinung der Arbeit im Management" akzeptiert. Einige erfolgreiche Führungskräfte berichten sogar, dass neben Führungs- und Geschäftsverständnis auch ihr politisches Gespür maßgeblich zu ihrem Erfolg beigetragen hat.

---

[5] Kirstges, Führe!, a.a.O., S. 12

Militärische Führungskräfte sind besonders in den ersten Monaten in der Wirtschaftswelt überrascht, dass manche Mitarbeiter einfach nicht tun, was man von ihnen verlangt – und damit sogar „durchkommen."

Militärische Kommandobehörden und Ministerien sind ebenfalls andere Ebenen und oftmals andere „Welten", auch wenn die Grundsätze gerade auch hier Anwendung finden können bzw. sollten.

Kern der Betrachtung dieses Buches – und damit des Führungshandwerkes – ist die Ebene eines taktischen Verbandes, des Bataillons[6] oder der Brigade[7].

---

[6] Ein Bataillon (von französisch Bataillon) ist ein militärischer Verband, in dem mehrere Kompanien, Staffeln oder Batterien einer Truppengattung zu einer organisch zusammengesetzten Truppe von 300 bis 1200 Soldaten zusammengefasst sind.
[7] Eine Brigade ist in modernen Streitkräften der kleinste Großverband des Heeres. Aufgrund seiner Organisation, Personalstärke und Ausrüstung ist er in der Lage, taktische Aufgaben (ohne substanzielle Verstärkungen) selbständig zu lösen.

Das „3 Alpha" Prinzip oder Führen mit Auftrag

Ein Negativ-Beispiel aus der Wirtschaft

„Liebe Kolleginnen und Kollegen, ab dem 1. Oktober werden die Abteilungen für Elektrik und Elektronik konzernweit zusammengelegt. Das bedeutet, dass Elektroingenieure und Softwareentwickler aus allen vier Geschäftsbereichen zukünftig an unserem Standort in Düsseldorf arbeiten werden.

Der Konzern hat entschieden, die Entwicklungskompetenzen zu bündeln. Was das genau für uns bedeutet, ist noch unklar, aber es wird wohl eine Menge Veränderungen mit sich bringen.

Ihr als Experten für Personal, IT, Finanzen, Recht und Facility Management habt jetzt eine Menge vor euch. Packt es an!" Mit diesen Worten beginnt Jochen Bringer, Leiter des Bereichs Software Development beim Automobilzulieferer Gamma Tech, seine Ansprache an sein Team.

„Wirklich alle Mitarbeiter aus der Elektronik im Konzern? Wie viele sind das?", fragt Christian Schulze, der Personalleiter am Standort, nach.

„Und betrifft das auch die Entwickler aus dem Bereich Steuerkomponenten?", hakt Sabine Schröder, Leiterin Facility Management, nach.

Diese Gliederung von Befehlen ist festgelegt und damit immer gleich[8] Die „3 Alpha" (3a) bildet darin den Mittelpunkt.. An dieser Stelle formuliert der Auftraggeber, also der militärische Vorgesetzte, der den Befehl unterschreibt, seine **„Absicht"**. Die Absicht der militärischen Führungskraft wird hier in Worte, die seinen Entschluss ausdrücken, gefasst und gibt den Rahmen und die Richtung vor, wie eine bevorstehende Aufgabe zu bewältigen ist. Dabei steht das zu erreichende Ziel im Vordergrund.

Im Rahmen der Auswertung des Auftrages leiten unterstellte militärische Führer daraus die **wesentliche eigene Leistung** ab. Hier geht es also um den Beitrag, den unterstellte Führer leisten müssen, um die Absicht der übergeordneten Führung zu erreichen.

---

[8] Gem. der Führungsvorschrift der Bundeswehr C1-160/0-1004 „Truppenführung", Anlage 4.13. ist ein Operationsbefehl wie folgt gegliedert: Ziffer 1 Lage (eigene Lage/ Feindlage); Ziffer 2 Auftrag; Ziffer 3 Durchführung; **Ziffer 3a Eigene Absicht**; Ziffer 3 b Aufträge zur Durchführung; Ziffer 4 Einsatzunterstützung; Ziffer 5 Führungsunterstützung.

Dabei dürfen und sollen sie von den im Befehl weiter formulierten Aufträgen zur Durchführung (Ziffer 3b ff.) abweichen, wenn aufgrund einer grundsätzlichen Lageänderung nur so die Absicht der übergeordneten Führung erreicht werden kann.

In jedem Operations-Befehl, in jeder Befehlsausgabe finden sich auch die Formulierungen **„meine Absicht ist es"** , **„um…zu"** oder **„es kommt darauf an, dass…"**. Diese Formulierungen machen die Absicht und die wesentliche Leistung deutlich – eben die beschriebene „3 Alpha" und die Ableitungen daraus. Sie ist in der Bundeswehr ein stehender Begriff für den Kerninhalt einer Aufgabe, sie beschreibt, was man vom Auftragnehmer – also dem „Befehlsempfänger" – erwartet bzw. was der zu erreichende Endstatus ist.

> *„Es kommt darauf an,* den Hochwasserschutzwall bis zur nächsten Flut zu erhöhen, *um* eine Gefährdung der Ortschaft XX ab*zu*wenden."

Im internationalen Managementjargon würde man das mit „Purpose" bezeichnen. Nur wer die „3 Alpha" verstanden hat, kann im Sinne der Führung dem gemeinsamen Ziel folgend selbständig handeln. Militärische Führung zeichnet sich u. a. dadurch aus, dass allen Soldaten und Soldatinnen jederzeit bewusst ist, welchen Beitrag sie zur Erfüllung des Auftrags zu leisten haben.

Eine Kernaufgabe von Führung beruht in der genauen Beschreibung des Auftrages. Das Ziel – also der erwartetet Endzustand – ist genau darzustellen, um möglichst viel Freiraum in der Durchführung zu lassen, denn der

Weg zur Zielerreichung kann vor Ort besser gewählt werden als aus der Ferne oder gar am Computer.

Hier zeigt sich, warum das oben genannte Beispiel negativ ist. Die Aussage Bringers, dass er die Absicht hinter einer Entscheidung auch nicht wisse und man „die Zähne zusammenbeißen und das Thema einfach abarbeiten solle", ist in dieser Form nicht hilfreich.

Sollte er weder in der Lage sein, den Auftrag genau zu beschreiben noch die „wesentliche eigene Leistung" zu skizzieren, so müsste es seine „Hausaufgabe" sein, dies vor der Kommunikation mit den Mitarbeitern zu klären.

Dem Gesamtverständnis mag hier das Beispiel einer Fahrkarte ohne Zugbindung dienen. Das Reiseziel ist vermerkt. Der Rest ist offen und in das Ermessen des Reisenden gestellt. Um in diesem Bild zu bleiben: Wichtig ist es, zum vorgegebenen Zeitpunkt am richtigen Bahnhof anzukommen – alles andere (Abfahrt, Strecke, Zugwahl, Umsteigeoptionen…) ist offen und fällt in die Verantwortung des Reisenden.

Im Verlauf der Reisevorbereitung sind die unterschiedlichen Optionen herauszufinden und gegeneinander abzuwägen. Soll die Reise möglichst wenig Zeit in Anspruch nehmen, soll sie wenig kosten usw. Wer die Absicht nicht versteht oder kennt, wird mit seinem Endergebnis nur zufällig die beabsichtigte Zielerreichung sicherstellen können.[9]

---

[9] Vgl. Wendroth, Hannes: Gute Führung – (k)ein Selbstgänger, Berlin (Miles-Verlag) 2022, S. 33

Oder mit Blick auf das o.a. Beispiel mit dem Hochwasserwall: Nur die örtliche Führungskraft kann einschätzen, mit welchen Mitteln und Ressourcen sie bis zum genannten Zeitpunkt an welcher Stelle des Dammes agieren muss.

Tipps für Ihr Führungsverhalten

Klären Sie den Auftrag im Detail mit Ihrem Vorgesetzten, bevor Sie ihn weitergeben. Versuchen Sie dabei auch zu verstehen, warum der Auftrag wichtig ist.

Nutzen Sie bei der Delegation die 6 W-Regeln: Wer, Was, Warum, Wie, Womit und Bis Wann? Achten Sie besonders auf das „Warum", indem Sie sich vorher überlegen, was passieren würde, wenn Ihre Absicht nicht erreicht wird.

Geben Sie klare Vorgaben bei der Delegation, aber nur so viel, wie in der Situation und für den Empfänger notwendig ist.

Zeigen Sie Ihren Mitarbeitern immer, wie ihre Arbeit zum Gesamterfolg beiträgt!

Die Beschreibung des zu erreichenden Zieles ist der Kern der **Auftragstaktik,** die eiserner Bestandteil der Unteroffizier-, Offizier- und Generalstabsausbildung ist. Sie ist das Ergebnis eines langen historischen Prozesses, der in der königlich-preußischen Armee begann und nach 1815 von verschiedenen Armeen gemeinsam weiterentwickelt wurde.[10]

In der Auftragstaktik wird der Soldat oder die Soldatin mit den notwendigen Informationen (*need to know* versus *nice to know*) sowie Ressourcen zur Durchführung ausgestattet. Er bzw. sie entscheidet über die Vorgehensweise und Zielerreichung selbst. Erreicht wird eigenständiges Handeln im Sinne des Auftrages, auch wenn der/die Vorgesetzte zur Orientierung und Nachfrage nicht zur Verfügung steht (hier greift dann erneut die „3 Alpha").

> *„Deine Absicht erst gibt deinem Werke seinen Namen."*
> *Ambrosius – Bischof von Mailand*

Das heißt: der militärische Vorgesetzte erklärt, wie er eine Problemstellung lösen möchte. Der nachgeordnete Bereich bekommt Aufträge, die ihn aber nicht in ein stures Schema pressen und von A bis Z festlegen, wie was wo und wann zu tun ist. Vorgesetzte setzen stattdessen auf den Intellekt, die Leistungsfähigkeit und Erfahrung ihrer Untergebenen. Die wissen im Umkehrschluss genau, was Vorgesetzte erwarten (3a) und überlegen eigenständig, wie sie deren Absicht erreichen können.

Dieses Prinzip ist zum Teil Vorbild für wesentliche Führungs- und Entscheidungstheorien bei anderen Organisationen. So haben Katastrophenschutz und Feuerwehr 1975 nach dem großen Waldbrand in der Lüneburger Heide neben der Übernahme des militärischen Stabssystems und des Führungsvorganges auch das Prinzip

---

[10] Vgl. Betschon, Felix: Entscheide schnell!, Zürich (Orell Füssli Verlag) 2004

„Führen mit Auftrag" von der Bundeswehr übernommen[11].

Die Forderung nach Führen mit Zielen, wie sie im **Management by Objectives (MbO)** zum Ausdruck kommt, entspricht weitgehend dem traditionellen deutschen militärischen Führungsprinzip der **Auftragstaktik**. Diese betont klare Zielvorgaben, lässt jedoch den Teams die Freiheit, selbstständig zu entscheiden, wie diese Ziele erreicht werden. Dieser Ansatz fördert Eigenverantwortung, Initiative und Anpassungsfähigkeit – wichtige Faktoren in der modernen Arbeitswelt.

Wenn bei der Umsetzung von MbO in Unternehmen Schwierigkeiten auftreten, liegt das oft daran, dass die Umsetzung dieses Ideals ohne die notwendige Flexibilität und Anpassung erfolgt. Die Erfahrungen des Militärs mit der Auftragstaktik zeigen, dass erfolgreiche Führung bedeutet, klare Ziele zu setzen, aber auch bereit zu sein, sich an veränderte Umstände anzupassen und auf unerwartete Entwicklungen flexibel zu reagieren.

Die Auftragstaktik bietet hier wertvolle Lektionen: Sie setzt auf Vertrauen in die Fähigkeiten der Teams und ermöglicht schnelle, dezentrale Entscheidungen. Unternehmen, die diese Prinzipien übernehmen, können eine Kultur der Flexibilität und des Lernens fördern, die besonders in dynamischen und komplexen Umgebungen von Vorteil ist.

---

[11] Vgl. Handlungskompetent durch Ausbildung, Bevölkerungsschutz 3/ 2013, BBK, S. 16

Die Gemeinsamkeiten sind daher größer als man denkt, nur die Begrifflichkeiten sind in Teilen unterschiedlich[12], letztendlich ist es ein System der radikalen Subsidiarität.

Die Merkmale erfolgreicher Auftragstaktik auf einen Blick:

- Allgemeingültiges Führungsprinzip; Grundhaltung; Übereinstimmung im Denken und Handeln aller Beteiligten

- Eindeutige Absicht mit realistischer Zielsetzung

- Bereitstellung der operativen Faktoren (siehe nächstes Kapitel)

- Förderung von Selbstständigkeit

- Förderung von Entscheidungsfreude

- Vertrauen in den nachgeordneten Bereich

Tipps für Ihr Führungshandeln

Führen Sie über Ziele und formulieren Sie diese SMART (spezifisch, messbar, aktionsorientiert, realistisch und terminiert)!

---

[12] Vgl. Bernd Röttger: „So will ein früher Hacker das Militär innovativer machen", Hamburger Abendblatt; Online-Abruf 19.05.2022

*Überlegen Sie explizit, an welchen Stellen es sinnvoll ist, Ziele vorzugeben und an welchen Stellen diese gemeinsam vereinbart werden. Eine Beschäftigung mit den Methoden des „**Management by Objectives**" (MbO) oder mit der derzeit aufstrebenden Methodik der **Objective Key Results** (OKR)[13] kann hierzu wichtige theoretische Grundlagen bieten!*

1. Strukturierte Entscheidungsfindung

Ein Negativ-Beispiel aus der Wirtschaft

Seit Frank Schuster als neuer Geschäftsführer für Marketing und Vertrieb in die dreiköpfige Führung der Alpha Tec GmbH aufgestiegen war, stand bei dem mittelständischen Unternehmen aus dem Rheinland vieles still.

Vorher hatten Kurt Schneider (Technik) und Martin Hoffmann (Finanzen) weitgehend unabhängig ihre Bereiche geleitet und Entscheidungen selbst getroffen. Die übergeordneten Entscheidungen hatte der mittlerweile pensionierte Enkel des Firmengründers, Rüdiger Alpha, gefällt.

---

[13] Objectives and Key Results ist ein Rahmenwerk für modernes Management, das die einzelnen Aufgaben von Teams und Mitarbeitern mit Unternehmensstrategie, -plänen, und -vision verknüpft. Objectives und Key Results sollen objektiv feststellbar bzw. messbar sein und vom gesamten Unternehmen eingesehen werden können; Wikipedia; abgerufen 19.04.22

Nun war Alpha im Ruhestand, und zum ersten Mal lag die Führung des Unternehmens in den Händen von „drei Externen". Schuster wollte bei allen Themen mitreden, also beschloss man, sich jeden Montag als „Triumvirat" zu treffen, um gemeinsam wichtige Entscheidungen zu treffen.

In der Praxis war das jedoch oft schwierig: Mindestens einer der drei hatte montags meist andere Termine und konnte nicht teilnehmen. Da man einstimmige Entscheidungen wollte, mussten Themen immer wieder auf die Folgewoche verschoben werden.

Schuster gefiel sich zudem in der Rolle des Provokateurs. Er stellte viele Entscheidungen, die Schneider, Hoffmann und Alpha zuvor getroffen hatten, infrage. Als Reaktion begann Schneider, ebenfalls Schusters Vorschläge abzulehnen, um „dem Neuen eine Lektion zu erteilen."

Diese Verhaltensweisen führten zu erheblichen Verzögerungen bei wichtigen Entscheidungen, wie der Investition in eine neue Produktionsmaschine oder der Schaffung einer neuen Führungsposition im Einkauf.

Die Frustration der Belegschaft nahm zu. „Man fragt sich, was die da oben den ganzen Tag machen – Kartenspielen?" brachte ein Mitarbeiter aus dem Kundenservice von Alpha Tec die Stimmung in der Belegschaft auf den Punkt.

Die Ursprünge rationaler Entscheidungsfindung lassen sich zu einem großen Teil im Militär verorten. Ab Mitte des 19. Jahrhunderts veränderten sich die Anforderungen an die Kriegführung durch komplexere Waffentechnologien und die Entstehung von Massenheeren. Diese Entwicklungen führten dazu, dass Teile einer Armee zunehmend eigenständige Aufgaben übernahmen, die Gefechtsformationen flexibler wurden und Unterführer eigenverantwortlich handeln mussten. Offiziere in höheren Kommandopositionen waren gefordert, strukturierte Entscheidungsprozesse zu entwickeln, die auch auf unteren Ebenen anwendbar waren.

Um diese Herausforderungen zu meistern, wurden standardisierte Vorgehensweisen eingeführt, die es ermöglichten, dass ein einheitlicher Entscheidungsprozess durch alle Ebenen der Hierarchie verstanden und genutzt werden konnte. Diese Standardisierung bot auch den Vorteil, getroffene Entscheidungen besser zu überprüfen und nachvollziehbar zu machen. Entscheidungen wurden in klar definierten, logischen Schritten getroffen, um die zahlreichen Unsicherheiten und Risiken des Krieges – wie Fehleinschätzungen und Täuschungen – zu minimieren. Dies markierte die Geburtsstunde der **Auftragstaktik**, einer flexiblen Führungsmethode, die auf klaren Zielen, aber freier Mittelwahl basiert.

Der Entscheidungsfindungsprozess im Militär beruht traditionell auf der **Beurteilung der Lage**, einer Methodik zur systematischen Analyse und Bewertung von:

- dem erhaltenen Auftrag,
- den eigenen und gegnerischen Mitteln,
- dem Gelände,
- und dem Zeitfaktor.

In modernen Streitkräften ist der Führungsprozess eine klar strukturierte Denk- und Handlungsweise, die auf allen Ebenen vermittelt und angewendet wird. Dieser Prozess wird ausgelöst durch einen neuen Auftrag oder eine signifikante Änderung der aktuellen Lage, die Handlungsbedarf erfordert. Er folgt den wiederkehrenden Phasen eines **kybernetischen Regelkreises**:

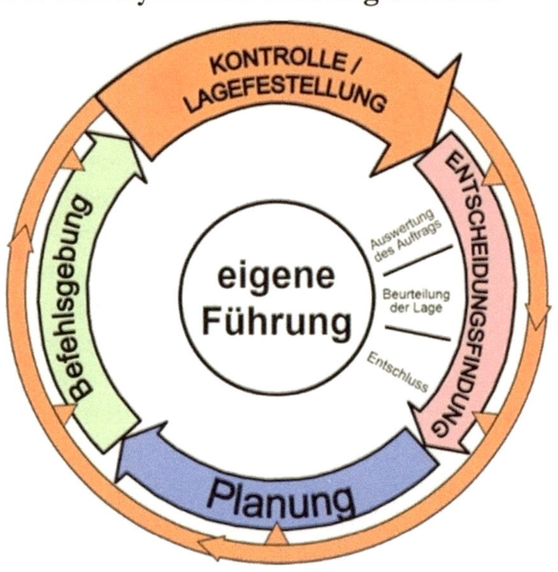

> **Lagefeststellung und Kontrolle,**
> **Entscheidungsfindung,**
> **Planung,**
> **Befehlsgebung und erneut**
> **Kontrolle und Lagefeststellung.**

Der Schwerpunkt liegt auf einer klar strukturierten Entscheidungsfindung, bei der der Entschluss durch eine logische und folgerichtige Analyse der Lage erarbeitet wird. Militärische Führer sind dafür verantwortlich, innerhalb

40

ihres Handlungsspielraums Entscheidungen zu treffen und durch klar formulierte Absichten und eindeutige Aufträge erreichbare Ziele für ihre nachgeordneten Truppenteile zu setzen.

Der Führungsprozess dient als Instrument, um die Prinzipien des **„Führens über Ziele"** und des **„Führens mit Auftrag"** effektiv umzusetzen. Er sorgt für eine transparente, nachvollziehbare Herleitung von Entscheidungen, die sicherstellt, dass alle operativen Faktoren – wie Mittel, Lage, Zeit und Raum – in Einklang gebracht werden. Der Vorteil liegt in der Ausrichtung auf stringente Entscheidungen statt auf starre Abläufe. Dies bietet mehr Flexibilität und ist effektiver als andere Modelle, wie z.B. der im Zivilen verbreitete PDCA-Zyklus[14].

Zusätzlich sind klar definiert:

- die Methodik zur Entwicklung eines Plans,
- die zu berücksichtigenden Faktoren,
- und die Art der Kommunikation[15].

Ein wesentlicher Vorteil liegt in der Einfachheit und Klarheit der zugrundeliegenden Denkprozesse. Der Prozess zur Ableitung eines Entschlusses ist klar strukturiert und ist damit praxisnah und leicht anwendbar.

Auch die St. Gallener Entscheidungsmethodik aus dem Malik Management Zentrum St. Gallen hat dieses Modell im Wesentlichen aufgegriffen, verwendet und erfolgreich in die Lehre integriert[16].

---

[14] Der PDCA-Zyklus beschreibt den vierstufigen Regelkreis des Kontinuierlichen Verbesserungsprozesses: Plan, Do, Check, Act. Er wird auch als Deming-Kreis bezeichnet.

[15] Kirstges, Führe!, a.a.O., S. 67

[16] Vgl. Leporello, „Die St. Gallener Entscheidungsmethode", Malik Management Zentrum St. Gallen, 2009

1.1. Phasen der Entscheidungsfindung

Die Phasen des Entscheidungsfindungsprozesses entsprechen einem strukturierten Problemlöseansatz, der wie eine "Denkschablone" wirkt. Dieser Ansatz entlastet Führungskräfte und unterstützt alle Beteiligten dabei, ihre Aufgaben effizient zu erfüllen. Die Phasen sind:

- **Lageanalyse und Entscheidungsfindung,**
- **Planung zur Umsetzung der Entscheidung,**
- **Auftragserteilung.**

Diese Phasen bilden einen iterativen, also sich wiederholenden und verfeinernden Prozess, der insbesondere in komplexen Situationen eine hohe Wahrscheinlichkeit für fundierte Entscheidungen bietet. Die Abfolge der Phasen ist so gestaltet, dass sie logisches und kohärentes Denken und Handeln fördern. Sie sind eng miteinander verknüpft, ergänzen sich gegenseitig und wiederholen sich bei Bedarf.

Allerdings sollte dies nicht als „Denkschablone" missverstanden werden. Es handelt sich hier nicht um ein stures, schematisches Abarbeiten, sondern um einen **„kreativen Prozess"**, der Flexibilität und Anpassungsfähigkeit des Denkens erfordert.

Ein wichtiger Schritt vor der eigentlichen Entscheidungsfindung ist die Bewertung der verfügbaren Zeit: Wie viel Zeit steht mir und meinem Team für den gesamten Prozess zur Verfügung, und was benötigen andere Abteilungen für ihre Arbeit? Ein praktischer Leitfaden aus dem Militär lautet: **1/3 der Zeit für Planung und Auftragserteilung, 2/3 für die Umsetzung durch die Truppe.** Diese Regelung sorgt dafür, dass

Anfang und Ende der eigenen Planungsarbeit klar definiert sind. Die Anwendung dieses strukturierten Entscheidungsfindungsprozesses schützt vor voreiligen Handlungen und sorgt dafür, dass Entscheidungen nachvollziehbar und gut begründet sind[17].

Tipps für Ihr Führungshandeln:

Bereiten Sie Entscheidungen systematisch vor. Dazu gehört, dass alle an einer Entscheidung beteiligten Personen zuvor alle für die Entscheidungsfindung notwendigen Informationen zur Verfügung haben!

Machen Sie sich auch Gedanken über die jeweils gültige Entscheidungsmethode. Wird die entsprechende Entscheidung auf Basis von Konsensus oder auf Basis einer Mehrheit getroffen? Ist die Entscheidung bereits gefallen und wird diese im Meeting nur noch kommuniziert?

Wichtig ist, allen Beteiligten den Prozess der Entscheidungsfindung transparent zu machen!

Lassen Sie sich sowohl bei der Frage der Methodik als auch der für die Entscheidung einzuladenden Personen nicht von ihren Emotionen, sondern von klar bezeichneten Faktoren leiten:

Wie viel Zeit steht zur Verfügung?
Wer hat Fachexpertise und Kompetenz?

---

[17] Vgl. Wendroth, Gute Führung – (k)ein Selbstgänger, a.a.O., S. 29

1.2. Lageanalyse zur Entscheidungsvorbereitung

In der **Lageanalyse** werden vorhandene, eingehende und zusätzlich beschaffte Informationen erfasst, geordnet, miteinander verknüpft, ausgewertet und dargestellt. Sie ist das hauptsächliche Verfahren zur Vorbereitung von Entscheidungen und umfasst immer die Schritte:

➢ Auswerten des Auftrags,
➢ Beurteilen der Rahmenbedingungen,
➢ Beurteilen der Position handelnder Dritter (z. B. Verhandlungspartner/Konkurrenten/Feindliche Kräfte) und
➢ Beurteilen der eigenen Position.

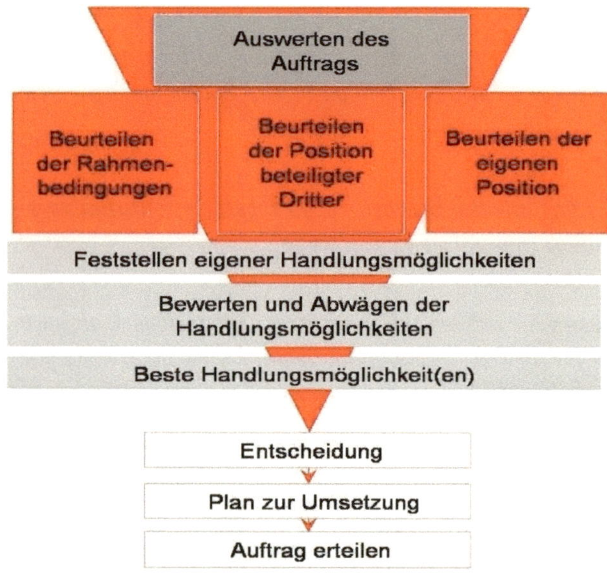

Anschließend führt das Feststellen und Abwägen der Möglichkeiten des eigenen Handelns zu einer zielgerichteten **Entscheidung**. Die Entscheidung wiederum formuliert die Absicht in einer Entschlussform[18]. Inhalt, Umfang und Ablauf der Lageanalyse und Entscheidungsfindung sind der Situation und der Absicht der übergeordneten Führungsebene anzupassen.

1.3.   Auftrag und Plan zur Umsetzung

Die eigene Absicht muss im **Auftrag** unmissverständlich zum Ausdruck kommen. Absicht und Ziele sind wiederum aus dem eigenen Auftrag abgeleitet und berücksichtigen somit die Absicht der übergeordneten Führung. Auf der Grundlage der Entscheidung wird ein **Plan zur Umsetzung** entwickelt, ein „Befehl" (Auftrag), der sich an den Inhalten des Schemas des Operationsbefehls[19] orientiert.

Tipps für Ihr Führungshandeln:

Trennen Sie in Ihrem Führungsalltag klar drei Phasen:
- *Phasen der Analyse*
- *Phase der Entscheidungsfindung*
- *Phase der Umsetzung*

---

[18] Siehe das Kapitel „3a Prinzip"
[19] Siehe das Kapital „3a Prinzip"

Gehen Sie systematisch vor! Ein ehemaliger Offizier und dann CEO beschreibt die Umsetzung bzw. Anwendung so: „Wenn ich heute im Managementalltag etwas zu organisieren habe, denke ich dabei immer noch in den Kategorien…

- *In welchem wirtschaftlichen Umfeld bewegt sich das Unternehmen? (Lage)*

- *Welche Maßnahmen trifft z.B. der Konzern, um unter den genannten Rahmenbedingungen zu agieren? (Auftrag)*

- *Welche Schritte übernimmt dabei der eigene Unternehmensteil? (Durchführung, eigene Absicht „3 Alpha")…*

2. Die operativen Faktoren in Einklang bringen

Ein Negativ-Bespiel aus der Wirtschaft

Die Altmann AG, ein Produzent und Distributor von Spezialkomponenten für die Fertigungsindustrie, war seit fast 70 Jahren erfolgreich. Jedes Jahr erreichte das mittelständische Unternehmen neue Rekordzahlen. Die Mitarbeiterzahl wuchs stetig und erreichte im Sommer 2024 erstmals 1.000 – davon 300 im Exportbereich bei den Auslandstöchtern der Altmann AG.

Um das Unternehmen zukunftsfähig zu machen, entwickelte der neue Geschäftsführer Christian Schwarz gemeinsam mit seinem Führungsteam die Strategie „Altmann 2025".

Das Ziel dieser Strategie war es, das Unternehmen wettbewerbsfähig zu halten, langfristig wirtschaftlich unabhängig zu bleiben und auch dadurch weiterhin ein attraktiver Arbeitgeber in der Region zu sein.

Die Strategie bestand aus zehn Teilprojekten. Unter anderem plante Schwarz in den Projekten die Themen Marktsegmentierung, Internationalisierung, SAP-Einführung, Kundenzufriedenheit, IT-Strategie und „Produktion 4.0" anzugehen. Jeder Teilprojektleiter definierte zusammen mit Schwarz neun Arbeitspakete. Festgelegt wurde, die Strategie bis zum Sommer 2025 umzusetzen.

Ein Zwischenbericht einer externen Unternehmensberatung im Herbst 2024 zeigte ein ernüchterndes Bild: 67 von 90 Arbeitspaketen waren hinsichtlich Zeit, Kosten und Qualität im roten Bereich. Einige Teilprojekte waren noch nicht einmal gestartet, andere hatten nur ein Kick-off-Meeting erlebt.

Gleichzeitig kündigten Mitarbeiter und Führungskräfte in Schlüsselpositionen, oft mit der Begründung, dass sie „die Arbeitsbelastung aus dem Tagesgeschäft und den Projekten nicht mehr bewältigen könnten."

„Führung ist ein Prozess steuernden Einwirkens auf das Verhalten von Menschen, um ein Ziel zu erreichen. Sie umfasst den zielgerichteten Einsatz von Kräften und Mitteln…", heißt es in einer Definition der Führungsvorschrift des deutschen Heeres zum Thema Führung[20]. Eine Führungskraft muss ihre Ziele mit den verfügbaren Mitteln erreichen können.

Die militärischen operativen Faktoren von Führung sind dabei Zeit, Kräfte, Raum und Information. In „das Zivile" übertragen sind dies:

- Zeit
- Personal
- Finanzen und weitere Ressourcen
- Informationen

---

[20] Vgl. HDv 100/200: Führungsvorschrift des Deutschen Heeres, Ziffer 101 (ersetzt durch die Führungsvorschriftenreihe C1-160)

2.1.   Der operative Faktor: Zeit

Führungskräfte und ihre Mitarbeiterinnen und Mitarbeiter müssen ihr Handeln auf die verfügbare Zeit einstellen. Wichtig ist dabei besonders, den **Zeitbedarf** vom Anfang der Planung bis zur operationellen Umsetzung zu berücksichtigen und realistisch zu kalkulieren. Eine wichtige Führungsaufgabe ist es, unterstellten Führungskräften die

Zeit zu verschaffen, die sie für die Planung, Vorbereitung oder Umsetzung einer Aufgabe benötigen. Dazu gehört vor allem die **frühzeitige Orientierung** der Mitarbeiterinnen und Mitarbeiter bezüglich sich abzeichnender Entwicklungen. Vorinformationen (am bekannten Befehlsschema ausgerichtet – siehe Fußnote, Seite 31) erleichtern es, im Sinne der übergeordneten Absicht (3 Alpha) zu handeln und schaffen Verständnis für die Aufgaben.[21]

Sich an Zeiten zu halten, ist weit mehr als nur eine Frage der Höflichkeit – es ist ein entscheidender Erfolgsfaktor. Wenn eine Aufgabe zeitlich genau abgestimmt ist, wird die Zeit zum kritischen Element des Erfolgs. Es geht nicht darum, früher oder später als geplant zu handeln, sondern exakt dann, wenn es vorgesehen ist. Eine Luftunterstützung muss auf die Sekunde genau eintreffen;

---

[21] Siehe Hinweis zu Planungszeiten in Kapitel 1.1. Phasen der Entscheidungsfindung

nur so ist sichergestellt, dass alle Beteiligten am richtigen Ort sind und nicht dort, wo sie möglicherweise dem eigenen Feuer ausgesetzt sein könnten.

Der Grundsatz **„Zeiten setzen, Zeiten einhalten"** stellt sicher, dass Ressourcen effektiv genutzt werden, die Planung wie gedacht umgesetzt wird und alle wichtigen Informationen rechtzeitig weitergegeben werden. Ein genauer Zeitplan verhindert nicht nur Verzögerungen, sondern auch potenzielle Missverständnisse oder Risiken. Man stelle sich vor, Sie kommen zu spät zu einer Videokonferenz – die wichtigsten Punkte könnten bereits besprochen sein.

Ein Auftrag ohne eine klare Zeitvorgabe ist kein vollständiger Auftrag. Nur durch präzise gesetzte und eingehaltene Zeiten wird sichergestellt, dass alle Elemente eines Plans reibungslos ineinandergreifen und die Ziele erreicht werden.

Tipps für Ihr Führungshandeln

Geben Sie Ihren Mitarbeitern regelmäßig einen Ausblick auf bevorstehende Veränderungen. Ein frühzeitiger Hinweis hilft, Widerstände zu reduzieren, da Ihre Mitarbeiter mehr Zeit haben, sich darauf einzustellen.

Überprüfen Sie regelmäßig den Umgang mit Zeit in Ihrem Team: Starten Sie Ihre Meetings immer pünktlich und ermutigen Sie Ihre Mitarbeiter dazu. Auch humorvoll verpackte „Erziehungsmaßnahmen", wie ein Sparschwein für Zuspätkommer oder das Abschließen des Raums von innen zur vollen Stunde können dabei hilfreich sein.

Unterstützen Sie Ihre Mitarbeiter, ihre Zeit effizient zu nutzen. Das kann bedeuten, gemeinsam Aufgaben zu priorisieren oder Meetings auf 55 statt 60 Minuten zu kürzen, um ihnen eine kurze Pause zu ermöglichen. Achten Sie auf jeden Fall darauf, dass ein 60-minütiges Meeting nicht 65 Minuten dauert.

2.2.   Operativer Faktor: Personal

Militärische Führungskräfte müssen bei der Erteilung von Aufträgen stets das Leistungsvermögen und die Verfügbarkeit ihres Personals im Blick haben, da Menschen, so unersetzlich sie sind, in diesem Kontext als zentrale operative Faktoren betrachtet werden müssen. Personal ist der wichtigste operative Faktor – kein anderer kann es ersetzen oder sein Fehlen kompensieren.

Die Leistungsfähigkeit der Mitarbeiterinnen und Mitarbeiter ergibt sich aus mehreren Schlüsselaspekten:

- der Anzahl der verfügbaren Kräfte,
- ihrer Erfahrung,
- ihrer Qualifikation,
- und ihrer Motivation.

Kurz gesagt: Sie hängt von der Anzahl und der Kompetenz des Personals ab. Deshalb ist die kontinuierliche Aus- und Weiterbildung der Mitarbeitenden eine unverzichtbare Investition in die Zukunft der Organisation. Gleichzeitig ist es wichtig zu betonen, dass Menschen keine bloßen „Faktoren" sind – jedoch

werden sie in diesem Zusammenhang so verstanden, um ihre

entscheidende Rolle in operativen Planungen zu verdeutlichen.

Ein starker Zusammenhalt innerhalb der Organisation sowie eingespielte Verfahren der Zusammenarbeit – auch über verschiedene Führungsebenen hinweg – erhöhen zusätzlich die Effektivität dieses zentralen Faktors und tragen dazu bei, dass die menschlichen Ressourcen ihr volles Potenzial entfalten können.

Tipps für Ihr Führungshandeln

Schätzen Sie realistisch ein, wie verfügbar und wie qualifiziert Ihre Mitarbeiter sind, bevor Sie neue Projekte starten.

Berücksichtigen Sie immer den Dreiklang „Können" (Kompetenz, Erfahrung), „Wollen" (Motivation) und „Dürfen" (Autorisierung), wenn Sie die Fähigkeit Ihrer Mitarbeiter einschätzen.

Nutzen Sie das „Situational Leadership"-Modell von Hersey & Blanchard, um den richtigen Führungsstil zu wählen. Dies beinhaltet, dass Sie das Engagement und Wissen Ihrer Mitarbeiter für eine bestimmte Aufgabe kennen bevor Sie Aufgaben übertragen.

Führen Sie nicht nur individuell richtig, sondern etablieren Sie auch Prozesse für das gesamte Team. Investieren Sie in den Teamzusammenhalt, z.B. durch gemeinsame Ziele, regelmäßige Meetings und „Offsite"-Veranstaltungen.

2.3. Operativer Faktor: Finanzen und weitere Ressourcen

Die Tätigkeit jeder Führungskraft ist dadurch gekennzeichnet, dass – ähnlich wie bei den operativen Faktoren Personal und Zeit – die Knappheit von Ressourcen eher die Regel als die Ausnahme sein wird. Ein **vorausschauender Umgang** mit ihnen gehört zu den Grundaufgaben jeder Führungskraft. Sie ist dafür verantwortlich, die notwendigen Ressourcen zur Erfüllung eines Auftrages zur Verfügung zu stellen. Und man muss diese je-derzeit kennen. Was ist wie bis wann verfügbar? Diese Informationen sind elementar, um Entscheidungen treffen zu können. Übersichten zu **Kampfkraft** und **Einsatzwert** hat die militärische Führung idealerweise stets parat, bzw. sie werden verfügbar gemacht.

Der Begriff **Kampfkraft** ist ein prozentualer Messwert, der sich auf den Zustand der Truppe in Bezug auf materielle Ausstattung und deren technische Einsatzbereitschaft sowie die personelle Einsatzbereitschaft nach Stärke und die Versorgungslage nach Kraftstoff und Munition bezieht.

Der **Einsatzwert** beschreibt ein Maß, mit dem die Effektivität von militärischen Einheiten in Bezug auf eine bestimmte Gefechtssituation abgeschätzt wird, zum Beispiel auf Art, Stärke und Verhalten des zu erwartenden Feindes, angenommene Umweltbedingungen oder zu erfüllenden Auftrag.

Eine vergleichbare Aufgabe haben die verschiedenen Ausprägungen des zivilen Controllings: Transparenzschaffung über den Status eingesetzter und verfügbarer Ressourcen, mit (strategischer) Vorausschau sowie Handlungsempfehlungen eines optimierten Ressourceneinsatzes zur Zielerreichung.

Tipps für Ihr Führungshandeln:

Dieses Buch kann keine ausführlichere Finanz- und Controlling-Literatur ersetzen, dennoch ist natürlich auch die Kontrolle über den operativen Faktor Finanzen ein Bestandteil Ihrer Führung:

Haben Sie zu jedem Zeitpunkt einen Überblick über ihr Budget und ihre verfügbaren finanziellen Ressourcen!

Lernen Sie mit knappen Ressourcen zu arbeiten, bilden Sie Reserven und gehen Sie vorausschauend mit ihnen um! Haushalten Sie mit Ihren Ressourcen!

2.4.　Operativer Faktor: Informationen

Ein Negativbeispiel aus der Wirtschaft

Große Verwirrung in der Kaffeeküche der ABC Software AG. Offenbar stimmen verschiedene Informationen zu einer anstehenden Veränderung, die verschiedene Mitarbeiter hier beim Mittagessen teilen, nicht überein.

*«Also, unser Chef hat uns erzählt, dass wir keinerlei Per-
sonalabbau bei der ABC zu befürchten haben», berichtet
Heiko, Sachbearbeiter im Einkauf.*

*«Das wäre ja schön», erwidert Elke, Fachassistentin in
der Personalabteilung. «Unsere Vorgesetzte hat uns genau
im Gegenteil erzählt, dass wir mit massiven Stellenkür-
zungen zu rechnen haben.»*

*«Das wird ja immer interessanter», mischt sich Sascha,
Mitarbeiter im Vertriebsinnendienst, in das Gespräch ein.
«Wir haben von unserem Leiter Vertrieb noch gar nichts
gehört. Er hat gesagt, er würde sich nur melden, wenn ir-
gend etwas für uns relevant ist…».*

Effektive Führung basiert auf der Verfügbarkeit von Informationen, die rechtzeitig und bedarfsgerecht gesam-
melt, ausgewertet und bereitgestellt werden müssen. Informationen sind die Grundlage für Planung und Entscheidungsfindung und ermöglichen es, Ressourcen effizient nach Raum und Zeit zu koordinieren.

Dabei ist es entscheidend, zwischen Annahmen und ge-
sicherten Fakten zu unterscheiden, um den tatsächlichen
Informationsbedarf zu ermitteln.

Oder wie in der zentralen Vorschrift zur Inneren Führung der Bundeswehr beschrieben: „**Informationen**
über wesentliche Dienstbelange … **sind notwendiger
Bestandteil von Führung.**"[22]

---

[22] Vgl. Zentrale Dienstvorschrift 10/1 – Innere Führung, Ausgabe
2008, Nr. 613

Führungskräfte müssen daher die Verantwortung übernehmen, alle erforderlichen Informationen für die Erfüllung von Aufgaben und Aufträgen rechtzeitig bereitzustellen. Das Sammeln von Informationen ist kein Selbstzweck oder eine „Fleißarbeit". Es geht darum, die Faktenlage zu klären: Welche Informationen sind verfügbar? Sind diese durch mehrere Quellen verifiziert? Wo bestehen noch Informationslücken?

Informationsmanagement erfordert sowohl eine **Bringschuld** als auch eine **Holschuld**. Das bedeutet, Führungskräfte sollten nicht nur auf Informationen warten, sondern aktiv danach suchen und gezielt nachfragen, um die relevanten Daten zu erhalten. Dazu gehört auch die Fähigkeit, aktiv **zuzuhören** und versteckte Informationen zu erkennen. In der militärischen Struktur sind spezifische Dienstposten und Funktionen zur „Informationsbeschaffung" systematisch verankert, um sicherzustellen, dass alle entscheidungsrelevanten Daten zeitnah zur Verfügung stehen.

In der Bundeswehr sind die Abteilungen der Stäbe nach Führungsgrundgebieten gegliedert:
Personalwesen, Innere Führung, Presse (FGG 1),
Militärisches Nachrichtenwesen (FGG 2),
Führung, Organisation, Ausbildung (FGG 3),
Logistik (FGG 4),
Kommunikation und Informationstechnik / Führungsdienst (FGG 6)
Weitere Abteilungen/Sachgebiete (z. B. Sanitätsdienst, Verwaltung) können hinzutreten.

Wie unschwer zu erkennen ist, ist das Thema in einem eigenen Sachgebiet, der „Kommunikation und Informationstechnik" (Führungsgrundgebiet 6), angesiedelt.

Der ehemalige Oberste Befehlshaber Europa der NATO (SACEUR), Jack Galvin, hat dazu einmal ausgeführt: *«Communication doesn't mean just talking. It means receiving, as well as transmitting. I'll give you a rule, and I hope you'll follow it, but I've had a tough time following it myself: try to listen at least half the time. When you're out there communicating with your people, ask yourself, am I listening as much as I'm talking? »*[23].

Jede Führungskraft sollte zu jeder Zeit über die aktuelle Situation im Verantwortungsbereich und im Interessensbereich informiert und auskunftsfähig sein (siehe auch Kapitel 12). Eine tatsachengetreue aktuelle Information der Mitarbeiterinnen und Mitarbeiter ist für das Vertrauen in  die Führungskräfte besonders relevant. Dabei kommt der Führungskraft auch die Aufgabe zu, Informationen bezüglich ihrer Komplexität zielgruppengerecht zu reduzieren und durch Zeitnähe, Transparenz und inhaltliche Vollständigkeit bei gleichzeitiger Verständlichkeit möglichen Fehlentscheidungen und Gerüchten vorzubeugen.

Umfassende Information ist eine der wichtigsten Grundlagen für vorrausschauendes Handeln im Sinne

---

[23] Vgl. Wellershof, Dieter: „Führen", Bonn (Bouvier) 1997

der Absicht der übergeordneten Führung (3 Alpha). Zu ihr gehört auch, rechtzeitig die Bedeutung der eigenen Leistung zu verdeutlichen und Mitarbeiterinnen und Mitarbeitern klarzumachen, inwiefern ihre Arbeit dazu beiträgt, die Ziele des eigenen Verantwortungsbereichs zu erreichen. Der Magdeburger General von Steuben hat als Generalstabschef von Georg Washington 1779 im amerikanischen Bürgerkrieg vor der Schlacht von Valley Forge dies wie folgt schlicht beschrieben: „Sagen Sie Ihren Männern warum!".

Umfassende Information bedeutet aber auch, seinen Mitarbeiterinnen und Mitarbeitern mitzuteilen, wenn es in Bezug auf mitarbeiterrelevante Themen keine neuen Informationen oder Erkenntnisse gibt.

„NSTR" – **Nothing Significant To Report**, ist eine gebräuchliche „Information" in militärischen Lageinformationen. Wichtig ist also nicht nur, dass die Führungskraft alle relevanten Informationen weitergibt, sondern auch, dass die Mitarbeiterinnen und Mitarbeiter das Gefühl haben, vollständig informiert worden zu sein.

Die **Weitergabe von Informationen** hat einen besonderen Stellenwert: Nur, wenn alle wissen, was vor sich geht, was die Idee des Gefechtes ist, oder schlichtweg, was der Plan ist, kann zielgerichtet gehandelt werden. Dabei ist nicht nur die geschilderte „3 Alpha" von entscheidender Bedeutung. Wissen geht oftmals über die Informationskette verloren bzw. verändert sich in Teilen. Gerade die Veränderung von Informationen ist von Bedeutung. Daher ist es militärischer Usus, dass der/die Vorgesetzte sich ein persönliches Bild der Informationsweitergabe macht. Er/sie versichert sich vor Ort[24], ob

---

[24] Vgl. Kapitel 4 „Führen von Vorne"

dieselben Informationen, die ihm/ihr vorliegen, auch im unterstellten Bereich verfügbar sind. Ein probates Mittel ist auch von Zeit zu Zeit an den (Informationsweitergabe-) Besprechungen der nächsten nachgeordneten Führungsebene teilzunehmen. Dann bekommt man ein Gespür dafür, wie Informationen weitergegeben werden. Über Generationen von Soldaten und Soldatinnen hat man sich beispielsweise des Hilfsmittels einer „Eselsbrücke" bedient, um bei der Übergabe einer Verantwortung vor Ort die Vielzahl an Informationen fehlerfrei an die Ablösung weiterzugeben: Das Wort **LANGEMARK**[25] (Lage, Auftrag, Nachbarn, Grenzen, Eröffnungslinie des Feuers, Meldung, Ablösung, Rückwärtiger Raum, Kennwort) bezeichnet die gemeinten Elemente. Und schon sind alle notwendigen Informationen vorhanden. Dies lässt sich so nicht direkt in das Zivile übertragen, die Botschaft ist aber, dass alle den gleichen Informationsstand haben sollten, was die jeweilige Aufgabe betrifft. Eine gelegentliche Teilnahme an Besprechungen in nachgeordneten Führungsebenen öffnet einem eben oftmals die Augen.

Tipps für Ihr Führungshandeln:

Machen Sie Informationsweitergabe zu einer Priorität Ihrer Führungsarbeit!

---

[25] Langemark, nördlich von Ieper (Ypern), ist der zweitgrößte deutsche Soldatenfriedhof des Ersten Weltkriegs in Flandern. Hier ruhen insgesamt 44.304 Soldaten, die bei den Kämpfen zwischen 1914 und 1918 hier ums Leben kamen.

Überprüfen Sie systematisch Wahrheitsgehalt und Vollständigkeit von Informationen, die Sie selbst erhalten haben, bevor Sie jene weiter an Ihre Teams geben!

Warten Sie nicht nur darauf, dass man Ihnen Informationen von oben serviert, fragen Sie selbst danach!

Befolgen Sie – zumindest grob – die „1 Mund, 2 Ohren" Regel, nach dem Sie als Führungskraft im Optimalfall nur ein Drittel der Zeit sprechen, und den Rest der Zeit zuhören sollten!

Verankern Sie die Informationsweitergabe strukturell in Ihrem Tageskalender (z.B. auch als Standard-Agendapunkt in ihren 1:1-Meetings und Team-Besprechungen)!

Bewerten Sie die zeitliche Relevanz von Informationen: Ist es zeitlich ausreichend, Ihr Team in der nächsten Regelbesprechung in einer Woche zu informieren? Oder ist es nötig, eine Sonder-Teamsitzung oder Einzelgespräche zur unmittelbaren Weitergabe der Informationen anzuberaumen?

Passen Sie die Informationen mit Hinblick auf Wortwahl, Umfang und ähnliche Faktoren an Ihre Zielgruppe an!

Ein besonders relevanter und häufig übersehener Punkt: Da Sie „nicht nicht kommunizieren können", berichten Sie auch, wenn es eine Zeit lang (z.B. in Veränderungsprozessen) nichts Neues gibt!

Wenn Sie über mehrere Ebenen führen, sind auch folgende Führungsverhaltensweisen wichtig:

Folgen Sie bei der Informationsweitergabe festen Strukturen. Berichten Sie beispielsweise in der Regelkommunikation immer erst über die eigene Auftragslage, dann über die Marktsituation, dann über personelle Änderungen etc. Erbeten Sie eine solche Struktur auch von untergeordneten Führungskräften für Ihre Regelkommunikation.

Schaffen Sie Prozesse, mit welchen Sie (ohne den Eindruck von misstrauender Kontrolle zu erwecken) überprüfen können, ob alle Informationen auch auf der Fachebene angekommen und nicht in der Informationskaskade verloren gegangen sind!

Nehmen Sie (nach vorherigem Gespräch mit der direkten Führungskraft) in regelmäßigen Abständen (etwa alle 3 Monate) an Teambesprechungen der Fachebene teil! Dies dient sowohl um zu hören, was die Teams besprechen, als auch um selbst wichtige Informationen im Originalton an die Mitarbeiterschaft geben zu können.

3. Die Trias oder der Dreiklang

Ein Negativ-Beispiel aus der Wirtschaft:

„Ich glaube, wir sollten wirklich mal darüber nachdenken, unser Marketingbudget zu erhöhen. Oder vielleicht könnten wir auch überlegen, die Rezeptur zu ändern, oder so.“

„Wovon sprechen wir hier eigentlich?“

„Oh, habe ich das gar nicht gesagt? Es geht um die Hustenbonbons unserer Marke Alpha. Die Marktlage sieht gerade ziemlich düster aus. Vielleicht sollten wir prüfen, ob sich der Umsatz wieder erholen könnte? Denn der ist nämlich ganz schön in den Keller gegangen.“

„Um wie viel denn?“

„Die genauen Zahlen habe ich jetzt nicht parat, aber die Lage ist wirklich ernst! Ich würde sagen, lange können wir uns das nicht mehr anschauen…“

Überall begegnet uns die Zahl 3. Im Theater gibt es seit der Antike in der Dramaturgie drei Akte, Hollywood-Filme habe oft drei inhaltliche Teile und wir denken oft in Dreierbezügen: Morgens – Mittags – Abends oder These – Antithese – Synthese. Dreiklänge sind auch die Grundlage der harmonischen Struktur der Musik. Dreiklänge 

stehen in Beziehungen zueinander. Besser: sobald Musik erklingt, fängt der Hörer an, mitzudenken, vorauszuahnen, zu empfinden, zu bewerten.

Der militärische – harmonische – Dreiklang besteht aus den drei Schritten „**Ansprechen – Beurteilen – Folgern**". Dieser strukturiert Denk- und Handlungsweise sowie die sprachliche Information. Ein Problem wird klar und deutlich angesprochen (es wird eindeutig identifiziert und in der Beschreibung der Situation wertfrei dargestellt), dann wird es im Sinne der Auswirkungen auf den eigenen Auftrag beurteilt und letztendlich eine Folgerung für das eigene Handeln gezogen.

Ein simples Beispiel aus dem Privaten: Die Sonne scheint (A) – es kann heute warm werden (B) – wir müssen ausreichend Getränke für die Wanderung mitnehmen (F)[26].

Oder: Die nicht besetzten Referentenstellen (A) führen zu einer Mehrbelastung in der Sachbearbeiter-Ebene und zu einer Störung in der Aufgabenerfüllung (B). Da die Personalabteilung hier offensichtlich nicht unmittelbar helfen kann, muss durch Neuordnung der Delegation von Aufgaben innerhalb des eigenen Bereiches nach einer Lösung gesucht werden (F).

---

[26] Vgl. Wendroth, Gute Führung – (k)ein Selbstgänger, a.a.O., S. 30

Und so könnte das oben genannte Beispiel nach dem A-B-F-Dreiklang lauten:

„Der Umsatz unserer Hustenbonbon-Marke ist im April um 17% gesunken. (A)

Gründe dafür sehen wir in der überdurchschnittlich guten Wetterlage, die zu weniger Erkältungen führt, und in den stärkeren Marketingaktivitäten der Konkurrenz-Marke Beta. (B)

Wir schlagen daher vor, das Werbebudget (TV, Online) um 25% zu erhöhen. (F)

Dieser Dreiklang gilt gleichermaßen für einfache wie auch für komplexe Herausforderungen.

Tipps für Ihr Führungshandeln:

Arbeiten Sie selbst bei der Darstellung von Empfehlungen nach dem militärischen Dreiklang aus Ansprechen, Beurteilen und Folgern!

Schulen Sie auch Ihre Mitarbeiter darin, z.B. bei Meetings am runden Tisch, ihre Informationen oder Vorschläge auf diese Weise vorzustellen!

4. Führen von vorne oder Management by walking around

Ein Negativ-Beispiel aus der Wirtschaft

Seit über 50 Jahren verzeichnet das familiengeführte Pharmaunternehmen „Doktor Pharm" kontinuierliches Wachstum. Die Firma expandierte erfolgreich mit ihren pflanzlich basierten Medikamenten und eroberte dabei zunehmend auch ausländische Märkte, insbesondere in Nordeuropa.

Dr. Sauerbruch, der Sohn des Firmengründers und alleiniger Vorstand von Doktor Pharm, genießt in Fachkreisen hohe Anerkennung, vor allem durch zahlreiche Interviews in Fachzeitschriften und bahnbrechende Reden auf Kongressen.

Doch in der Zentrale von Doktor Pharm in Neustadt an der Weinstraße sieht die Lage anders aus: Etwa neunzig Prozent der Belegschaft haben den erfolgreichen Vorstand noch nie persönlich getroffen.

„Wir nennen ihn das Phantom", berichtet Dr. Günter Poitzsch, Leiter der Regulierungsabteilung, auf einer Fachtagung gegenüber Kollegen anderer Firmen. „Er fährt morgens mit dem Auto in seine private Garage, nutzt dann den eigenen Aufzug direkt in die Chefetage und verlässt das Gebäude abends auf demselben Weg. Dazwischen erreichen uns nur sporadisch Anweisungen über verschiedene Zwischenebenen."

Es gibt zahlreiche Management-Methoden wie **Management by Exception**, **Management by Projects** oder **Management by Objectives**. Eine weitere Methode, die sowohl im militärischen als auch im zivilen Bereich zunehmend an Bedeutung gewinnt, ist **Management by Walking Around** (MBWA). Diese Methode ist letztlich nichts anderes als die militärische Form der Dienstaufsicht: sich selbst ein Bild von der Lage vor Ort zu machen, anstatt sich nur auf Berichte über die verschiedenen Führungsebenen zu verlassen. MBWA zielt darauf ab, den direkten Kontakt zu den Menschen herzustellen, die die Entscheidungen umsetzen und ihre Sinnhaftigkeit verstehen müssen.

Der wesentliche Unterschied liegt darin, ob eine Führungskraft die Leistungen ihrer Mitarbeiter nur aus Berichten, E-Mails oder (Video-) Konferenzen heraus wahrnimmt, oder ob sie sich persönlich vor Ort ein Bild macht, unter welchen Bedingungen und in welcher Stimmung gearbeitet wird. Wirksame Führung bedeutet, im **Schwerpunkt des Handelns** zu sein – „vorne" und nicht nur am Schreibtisch oder in einem Konferenzraum.

Digital lässt sich dieses Konzept nur begrenzt umsetzen. Eine telefonische Frage wie „Wie geht es Ihnen?" bleibt meist formell und bietet kaum Einblick in die tatsächliche Situation. Der persönliche Kontakt, das direkte Gespräch und der Blick in die Augen eines Mitarbeiters – und damit ist keine Videokonferenz gemeint – geben hingegen viel besser Aufschluss über die tatsächliche Stimmung und Motivation.

Neuere Erkenntnisse unterstreichen zudem die Bedeutung von MBWA in der heutigen Arbeitswelt, die zunehmend von Remote-Arbeit und digitalen Tools geprägt ist. Gerade in solchen Kontexten bleibt der persönliche Kontakt entscheidend, um Vertrauen aufzubauen, Missverständnisse zu vermeiden und ein authentisches Gefühl für die Teamdynamik und Arbeitsbedingungen zu entwickeln. MBWA fördert nicht nur das Verständnis für operative Herausforderungen, sondern schafft auch eine Kultur der Offenheit und des Dialogs.

> *„Das gute Beispiel ist eine Möglichkeit, andere zu beeinflussen, es ist die einzige."*
> *Albert Schweizer*

Führen von vorne erlaubt es, den Puls zu fühlen, festzustellen, ob die eigene Absicht umgesetzt wird und letztendlich auch durch Beispiel zu führen.

Ein „Mir nach" ist erfolgsversprechender und motivierender als das „vorwärts, marsch"[27].

Generalfeldmarschall Rommel hat dies erfolgreich praktiziert und wird auch immer wieder als Beispiel angeführt – er war stets im Schwerpunkt seiner Operationen, nämlich vorne bei seinen Soldaten.

Nicht verschwiegen werden darf aber auch die Gefahr, die es mit sich bringt, wenn man sich als Führungskraft

---

[27] Vgl. Steiger Rudolf, Menschenorientierte Führung, Frauenfeld, (Verlag Huber) 1990

vor Ort durch direkte Eindrücke leiten lässt, das Gesamtbild aus den Augen verliert und unmittelbar – Entscheidungsebenen überspringend – eingreift. Hier gilt der Grundsatz **„Hilf mir arbeiten oder bleib zu Hause"**, sonst leiden Initiative und Autorität.

Tipps für Ihr Führungshandeln

Erstellen Sie eine Liste all Ihrer Standorte und planen Sie regelmäßige Besuche – falls erforderlich, achten Sie auf eine gleichmäßige Verteilung der Besuchsfrequenz!

Gehen Sie durch die Gänge und Flure, auch in der Produktion, oder begleiten Sie den Außendienst. Seien Sie präsent, auch ohne eine feste Agenda!

Überlegen Sie sich im Voraus, was Sie mit Ihren Besuchen erreichen möchten: Geht es darum, Informationen zu sammeln? Möchten Sie Ihren Mitarbeitern Wertschätzung zeigen? Oder beherrschen Sie vielleicht eine operative Fähigkeit besser und möchten diese an Ihre Mitarbeiter weitergeben?

Wechseln Sie geschickt zwischen Phasen des „Walking Around" und strategischer Arbeit! Laut dem Harvard-Professor Ronald Heifetz („Leadership in the Line") müssen gute Führungskräfte sowohl „auf dem Balkon" (strategische Perspektive) als auch „auf der Tanzfläche" (operative Perspektive) agieren und regelmäßig zwischen diesen Perspektiven wechseln.

5.   Kenne deine Mitarbeitenden!

Ein Negativ-Beispiel aus der Wirtschaft

Ein besonders anschauliches Beispiel für schlechte Führung erlebte der Co-Autor Thomas Saller vor einigen Jahren durch den Teamleiter in der Buchhaltung eines internationalen Konzerns.

Eine Kollegin aus der Buchhaltung, nennen wir sie hier Jutta Müller, hatte kürzlich ihr 40-jähriges Betriebsjubiläum gefeiert. Solch eine lange Zugehörigkeit war in diesem Unternehmen eine absolute Seltenheit.

Von der übergeordneten Führungsebene kam jedoch nicht mehr als eine computeranimierte Gratulations-E-Mail, die zu allem Überfluss mit den Worten „Sehr geehrter Herr (!) Müller" begann.

Zur geplanten 30-minütigen Jubiläumsfeier erschien ein Bereichsleiter zwar persönlich, allerdings viel zu spät. Beim Betreten des Raumes fragte er seinen Personalreferenten: „Sagen Sie, welche von den Damen ist eigentlich diese Frau Müller? Ist das die da hinten?"

Weiter oben ist bereits der operative Faktor Mensch beschrieben. Darüber hinaus ist es beim Militär von entscheidender Bedeutung, dass man seine Mitarbeiter und Mitarbeiterinnen auch wirklich kennt. Es ist wichtig zu wissen, wer macht was bzw. steht für welche Aufgabe.

Auf die Frage „Wer sind Sie?" antworten die meisten Menschen mit ihrem Namen. „Was machen Sie?" wird häufig mit der Berufsbezeichnung beantwortet.

Diese Reduktion führt dazu, dass viele Führungskräfte glauben, sie würden ihre Mitarbeitenden bereits kennen. Das Beispiel zeigt jedoch, dass dies oft nicht der Fall ist.

Vor der Verschärfung des Datenschutzgesetzes war es üblich, dass Unteroffiziere und Offiziere in ihren „kleinen schwarzen Büchern" Informationen über die Eigenarten und Kompetenzen ihrer Soldaten festhielten, um individuell auf sie eingehen zu können. Auch wenn solche Praktiken heute aus Datenschutzgründen nicht mehr zulässig sind, bleibt die Idee dahinter aktuell und wichtig: Jede Führungskraft muss ihre Mitarbeitenden wirklich kennen, ihre Stärken und Schwächen verstehen, ihre Grenzen und Bedürfnisse wahrnehmen.

Hinter jedem Namen steht ein Mensch, und wahres Kennenlernen geht weit über die Kenntnis von Namen und Aufgaben hinaus. Es erfordert Zeit und echtes Interesse. Das gelingt am besten im persönlichen Gespräch – sei es durch **Management by Walking Around**, das berühmte Pausengespräch oder auch mal beim gemeinsamen Bier oder einer Cola. Solche Gelegenheiten wie ein Grillevent oder ein Betriebsausflug bieten informelle Momente, in denen man mehr über persönliche Hintergründe wie Familienverhältnisse, Hobbys, Sorgen, Ängste und Werte erfährt. Dieses Wissen hilft, die Arbeit der Mitarbeitenden besser einzuordnen, zu würdigen und sie gezielt einzusetzen.

Die zunehmende Verbreitung von Homeoffice und hybriden Arbeitsmodellen erschwert das persönliche Kennenlernen. Gerade wenn man die Mitarbeitenden nicht regelmäßig persönlich sieht, ist es umso wichtiger, gezielt Gelegenheiten zu schaffen, um ein echtes Gespür für sie zu entwickeln und Beziehungen zu pflegen.

Tipps für Ihr Führungshandeln:

Fragen Sie Ihre Mitarbeiter nach ihrer persönlichen Situation und lernen Sie sie kennen — am besten, indem Sie auch etwas über sich selbst erzählen.

Wenn Sie kein Elefantengedächtnis haben: Machen Sie sich Notizen, um sich später besser zu erinnern! Schreiben Sie jedoch nicht während des Gesprächs mit dem Mitarbeiter, sondern erst im Anschluss.

Lernen Sie die Namen Ihrer Mitarbeiter auswendig! Falls nötig, lassen Sie sich besonders auf Geschäftsreisen Fotolisten mit Namen anfertigen. Sie werden überrascht sein, wie wertgeschätzt es wird, wenn eine Führungskraft, besonders aus dem Ausland, Mitarbeiter beim Namen nennt.

Nutzen Sie Eselsbrücken, um sich an Gesprächsthemen mit jedem Mitarbeiter zu erinnern! Ihre Mitarbeiterin Cornelia ist doch die Pferdeliebhaberin, so wie „Conny" im Comic Ihrer Tochter. Und Dr. Hofmeyer hat letzte Woche an seiner Garage gearbeitet – damit er besser auf den Hof kommt.

Bestehen Sie darauf, einen wöchentlichen Jour Fix im Führungsteam persönlich durchzuführen! Der Termin bietet auch die Gelegenheit, sich am Rande zu unterhalten und zu fragen: „Wie geht es Dir/Ihnen?"

Sollte Ihr Mitarbeiter vor allem im Homeoffice sein und Sie – insbesondere als übergeordnete Führungskraft – einfach daheim anrufen und die Frage nach dem „Wie geht's" stellen, wäre die Reaktion eher „was will er von mir?". Daher die Wichtigkeit persönlicher Kontakte.

Sollte es jedoch gar nicht anders gehen, müssen Sie beim Kennenlernen Geduld haben und auch mit Tricks arbeiten. Dazu gehört insbesondere der Vertrauensvorschuss: Lassen Sie die Kamera in Videokonferenzen stets an, auch wenn das Gegenüber sie nicht anhat. Erzählen Sie in 1:1 Gesprächen Persönliches von sich und laden Sie ihr Gegenüber dazu ein, dasselbe zu tun. Viele Mitarbeiter springen sofort darauf an; bei einigen dauert es etwas länger ("der interessiert sich ja wirklich, und er hat ja auch Kinder im Hintergrund, da kann ich vielleicht doch mal die Kamera anmachen"); bei einigen wenigen braucht es dann doch das persönliche Meeting, um zu diesem Zustand zu kommen.

Schaffen Sie „Away-Time" – der Autor ist dazu übergegangen, mit seiner ganzen Abteilung (aktuell knapp 100 Personen) mindestens zweimal im Jahr zu einem zweitägigen Workshop zusammenzukommen. Dabei steht der persönliche Austausch untereinander mindestens so stark im Fokus wie Inhalte.

6.   Zwei Ebenen über der eigenen denken

Ein Negativ-Beispiel aus der Wirtschaft

Hans-Hubert Otto, Abteilungsleiter für Personalgewinnung, ist überrascht von der guten Vorbereitung seines Gesprächspartners Alexander Schreier. Schreier bewirbt sich um die Position „Leiter interne Unternehmenskommunikation" bei einem deutschen Handelsunternehmen. Im Interview und Fachtest hat er sich sehr gut geschlagen, aber auch in der Fragerunde, in der die Bewerber die Möglichkeit haben, den Personaler über das Unternehmen zu befragen, überrascht Schreier.

Unter anderem fragt Schreier nach der bereits angekündigten Änderung der Organisationsstruktur zum 1. Januar des nächsten Jahres.

Otto antwortet ehrlich: „Puh, unter uns gesagt, davon habe ich keine Ahnung. Ich mache hier nur die Interviews. Die Fragen zum Gesamtunternehmen müssen Sie dann irgendwann mal meinem Chef stellen."

Anders als im zivilen Bereich findet man im militärischen Umfeld immer die strukturell verankerte Funktion des Stellvertreters oder der Stellvertreterin, und zwar über alle Führungsebenen hinweg. Ab einer bestimmten Organisationsgröße gibt es die sogar als etatisierter Dienstposten. Um Führung immer sicherzustellen, ist die Funktion einer **Stellvertretung** etabliert worden.

Nicht nur bei Ausfall der Führungskraft, sondern auch bei Abwesenheit oder Nichterreichbarkeit der/des eigentlichen Führungsverantwortlichen gehen Befugnis, Verantwortung und Durchsetzungspflicht auf die Stellvertreterin oder den Stellvertreter über. Zudem können an die Stellvertretung bestimmte Entscheidungen delegiert werden, was der Führungskraft z.B. den Raum gibt, sich selbst vor Ort ein Bild der Lage zu machen, da die laufende Operationsführung durch die Stellvertretung ja sichergestellt ist.

Um dieses Prinzip der Stellvertretung gewährleisten zu können, wird in der Führungsausbildung der Bundeswehr, aber auch anderer Streitkräfte, immer Führungsebenen höher ausgebildet, und zwar *bevor* man in die Führungsverantwortung kommt. Auf dem Zugführerlehrgang lernt man das Führungshandwerk eines Bataillonskommandeurs[28]. Das stellt nicht nur eine verzugslose Führungsverantwortung im Bedarfsfall sicher, sondern vermittelt frühzeitig das Ebenen gerechte Handwerkszeug, denn als Führungskraft muss man auch in den entsprechenden Führungsstufen ausbilden können.

---

[28] Der Kommandeur befehligt in dieser Dienststellung einen militärischen Verband; hier ein Bataillon

Nun gibt es im Zivilen zwar auch jede Menge Führungstrainings, die auf die neue oder bald folgende Führungsposition vorbereiten. Zugleich findet man kaum strukturierte und ebenenbezogene Qualifizierung zur Wahrnehmung von Führungsverantwortung auf einer Ebene höher.

Tipps für Ihr Führungshandeln:

Bestimmen Sie offizielle Stellvertreter für Ihren Bereich!

Stellen Sie sicher, dass Ihre Stellvertreter in Ihrer Abwesenheit wirklich einsatzbereit sind! Führen Sie regelmäßige 1:1-Gespräche mit ihnen, teilen Sie wichtige Informationen, die andere nicht bekommen, und kommunizieren Sie die Stellvertreter-Regelungen klar.

Befördern Sie Führungskräfte niemals, ohne sie vorher mit Trainings, Seminaren oder Coachings auf ihre neue Aufgabe vorzubereiten!

Talententwicklungsprogramme, in denen zukünftige Führungskräfte sich schon mit Führungsfragen befassen, bevor sie eine Führungsposition übernehmen, sind ein gutes Beispiel. Wir empfehlen, solche Programme auch mit Inhalten zu ergänzen, die auf noch höhere Führungsebenen vorbereiten.

7. Erreichen – Gewinnen – Nehmen, oder: Kommunikation als Schlüssel zum Erfolg

Ein Negativbeispiel aus der Wirtschaft

„Die Situation ist ernst, liebe Mitarbeiterinnen und Mitarbeiter!

Aber lassen wir den Kopf nicht hängen. Schauen wir nach vorn und nehmen die Herausforderungen an. Es ist wichtig, dass wir unserem Motto „work smarter, not harder" folgen. Wir sollten die Zusammenarbeit über Abteilungsgrenzen hinweg, wie es für ein globales Unternehmen notwendig ist, verstärken und den Kunden, das Produkt, die Menschen und die Prozesse wieder in den Mittelpunkt unseres Handelns stellen.

Am Ende zählt der Erfolg, und hier sind wir alle gefordert. Ich hoffe, Sie wissen nun alle, was konkret zu tun ist.

Vielen Dank, dass ich Ihnen diese Punkte so klar und anschaulich darstellen konnte. Meine Tür steht Ihnen jederzeit offen.

„Communication is a Function of Command"[29] – **Kommunikation ist ein Element der Führung,** so ist dies in einer NATO-Führungsvorschrift beschrieben und macht damit deutlich, welchen Stellenwert Kommunikation in Bezug auf Führung hat. Kommunikation als Mitteilung von Informationen, Gedanken und Gefühlen ist grundlegende Voraussetzung zur Menschenführung. Kommunikation in Streitkräften ist vor allem situations- und kontextbezogen.

Es ähnelt also dem, was Führungskräfte in der Wirtschaft regelmäßig selbst vorfinden. Allerdings gibt es eben den einen gravierenden Unterschied: In der zivilen Welt geht es weniger häufig um Leben und Tod.[30]

Der größte Irrtum der Kommunikation ist, dass sie wie gewünscht stattgefunden hat. Häufig erlebt man in der Praxis, dass Führungskräfte davon ausgehen, ihrer Kommunikationsaufgabe gerecht geworden zu sein, während Mitarbeiter berichten, immer noch im Dunklen zu tappen.

Kommunikation kann daher als wesentliche Schlüsselqualifikation jeder Führungskraft in Streitkräften, Wirtschaft und Verwaltung betrachtet werden. Folgende Elemente sind dabei von entscheidender Bedeutung:

---

[29] Vgl. Allied Communication Publication (ACP 121); NATO-Führungsvorschrift
[30] Vgl. Kirstges, Führe!, a.a.O., S. 11

7.1   Klare und einfache „Befehlsgebung"

„Wer klare Begriffe hat, kann befehlen."
Johann Wolfgang von Goethe

In der militärischen Kommunikation wird auf Einfachheit der Sprache oder des Textes geachtet. Kurze Sätze, geläufige Wörter und erklärte Fachwörter vermeiden Kompliziertheit und Unverständnis. **Kürze** und **Prägnanz** stehen für eine knappe, gedrängte Ausdrucksweise und beschränken die Information auf das Wesentliche und reduzieren Komplexität. Dies entspricht im Grundsatz der militärischen Sprache an sich. Insbesondere aber die Anwendung von festgelegten und allen bekannten Abkürzungen kommt hier zur Geltung. Dadurch lassen sich Weisungen im Umfang reduzieren, ohne an Inhalt zu verlieren.

Die sinnvolle Reihenfolge der Informationen und der übersichtliche Aufbau eines Textes stehen für innere Ordnung und äußere Gliederung. Daher sind militärische Befehle nach einer klaren Vorgabe gegliedert. Die Absicht der übergeordneten Führung ist das bestimmende Element (Siehe auch die Ausführungen zur „3 Alpha").
Um Kommunikationsfehler und Übersetzungsschwierigkeiten zu minimieren, gibt es im militärischen den „**Entschluss**" als Begriff. Er orientiert sich an den 6 W-Fragen: **Wer macht was, wie, wann, wo und wozu?** Jede Anweisung, jeder Plan sollte nach diesem Schema kommuniziert werden, um zu erkennen, was man denkt und wohin man will.

In der militärischen Taktik gilt auch die Regel „nur das Einfache hat Aussicht auf Erfolg", oder **KISS** (keep it short and simple) – dies gilt eben besonders auch für die Kommunikation.

Tipps für Ihr Führungshandeln:

Kontrollieren Sie Ihre Sprache regelmäßig auf Einfachheit und Klarheit. Holen Sie sich dazu auch Feedback ein!

Führen Sie Abkürzungen offiziell ein und erklären Sie diese!

Geben Sie auch Ihren Mitarbeitern offenes Feedback zur Einfachheit der Sprache (z.B., wenn es in Meetings zu „schwurbelig" wird…)!

7.2 Wissen was gemeint ist oder „erreichen – gewinnen – nehmen"

Sprache wirkt nicht nur nach außen, sondern vor allem auch nach innen. Die Sprache und der Umgang miteinander in der Kommunikation repräsentieren und prägen eine Organisation. Sprache muss verständlich sein, Sender und Empfänger müssen wissen, was gemeint ist.

Eine Anweisung ist nutzlos, wenn sie nicht verstanden wird. **„Wer klar formuliert, kann überzeugen"**. Führungskräfte beklagen häufig genug die Auftragsflut und den bestehenden Termindruck. Umso wichtiger ist es deshalb, Aufträge zu erteilen, die geprägt sind von Klarheit und Verständlichkeit.

Daher ist es den Mitarbeiterinnen und Mitarbeitern leicht zu machen, den Anweisungen der Führungskräfte folgen zu können. Die **Sprache ist der Schlüssel** dazu.

Die Begriffe „**erreichen, gewinnen und nehmen**" mögen hier als Beispiel dienen. Alle drei Begriffe werden im militärischen Sprachgebrauch verwendet, um einer Führungskraft klar und deutlich zu signalisieren, wie und unter welchen Umständen sie in ein (Angriffs-) Ziel gelangt:

„Erreichen" bedeutet dabei ohne zu erwartenden, „gewinnen" mit leichtem oder „nehmen" mit massivem feindlichem Widerstand. Ein einziger Begriff, der zu einer umfassenden „Disposition" der eigenen Mittel und Kräfte führt.

Fredmund Malik (internationaler Managementexperte) hat es so beschrieben: „Wer ein Unternehmen oder eine andere Institution gut und damit zielgerichtet führen will, muss auf seine Sprache achten. Missverständliche Begriffe sollten ganz vermieden werden; bei anderen ist klarzustellen, wie sie zu gebrauchen sind. Niemand würde in den technischen und naturwissenschaftlichen Fächern ernst genommen, der Geschwindigkeit und Beschleunigung nicht auseinanderhalten kann. Ein Jurist, der zwischen Eigentum und Besitz oder Miete und Leasing nicht zu unterscheiden weiß, ist nicht nur inkompetent, sondern gefährlich."[31] Die Beherrschung der Begriffswelt ist unabdingbar für Professionalität und Kompetenz[32].

Ein weiteres Beispiel für die Bedeutung klarer Kommunikation ist der Umgang mit dem Faktor Zeit. Vor einer Operation ordnet eine militärische Führungskraft einen „Zeitvergleich" an, damit alle Beteiligten von der exakt gleichen Uhrzeit ausgehen – ein Detail, das im Ernstfall über Erfolg und Misserfolg entscheiden kann. Es ist ein „Zeitvergleich", kein „Uhrenvergleich", denn die Präzision in der Kommunikation schafft Sicherheit und Vertrauen.

Tipps für Ihr Führungshandeln

Streichen Sie unter anderem folgende Aussagen aus Ihrem Führungsvokabular:

„Ich brauche dies asap (!)"

„Rekrutieren Sie mir hierfür ein paar (!) kompetente (!) Mitarbeiter"

„Bereiten Sie eine knackige (!) Präsentation dazu vor"
Trauen Sie sich, in Besprechungen Begrifflichkeiten, die zwar wie selbstverständlich verwendet werden, aber Ihnen unklar sind, zu hinterfragen! Versuchen Sie zu eruieren, was andere

---

[31] F. Malik, Gefährliche Managementwörter, Frankfurt a.M. (F.A.Z.-Institut) 2004, S. 12

[32] Malik, Gefährliche Managementwörter, a.a.O., S. 12

*Personen darunter verstehen („was bedeutet eigentlich „Perso-nalisierung"? Wofür steht bei den AKV der Begriff K?").
Sie werden überrascht darüber sein, wie oft Sie nicht der Ein-zige sind, der kein klares Verständnis einer Begrifflichkeit hat!*

8.　Hybrid Work: Neue Arbeitswelten oder kalter Kaffee?

Ein Negativ-Beispiel aus der Wirtschaft

Hybride Meetings sind nicht jedermanns Sache. Doch Christian Kruse, Experte im Einkauf für immaterielle Güter, hat das Glück, gemeinsam mit seinen beiden Kol-legen und ihrem Chef im Besprechungsraum im Hauptsitz in Ulm zu sitzen. Daher stört es ihn nicht allzu sehr, dass seine Kollegen in China und Indien weniger von der regel-mäßigen Teambesprechung mitbekommen.

In diesen Ländern werden oft selbst einfache Ausdrücke nicht verstanden. Die schlechte Bild- und Tonqualität er-schwert es den Kollegen in Ulm zudem, ihre Kollegen in Delhi und Shanghai zu verstehen.

Um die teils endlos langen Videokonferenzen abzukür-zen, hatte Einkaufsleiter Hoffmann, Kruses Vorgesetz-ter, schließlich eine zündende Idee. Die regelmäßigen Mee-tings finden nur noch mit den drei Mitarbeitern in Ulm statt. Die Kollegen an den anderen Standorten werden an-schließend per E-Mail über die gemeinsam getroffenen Entscheidungen informiert.

Die Unzufriedenheit in China und Indien über den un-sensiblen Führungsstil von Kruse wächst …

Spätestens seit dem Beginn der Corona-Pandemie 2020 und dem Arbeiten im Homeoffice ist „Führen über Distanz" oder **hybrides Führen** ein zunehmend wichtiges Thema. Für die militärische Führungskraft sind diese Themen in gewisser Weise ein „alter Hut". In nahezu jeder militärischen Lage sind die Ressourcen bzw. Manöverelemente der militärischen Führungskraft auf dem „Gefechtsfeld" oder im „Katastrophengebiet" verteilt und nur selten unmittelbar erreichbar. Und geführt wurde immer schon über Distanz: von den ersten Feldzeichen der Römer, über Flaggen und Lichtsignale bis hin zum Funken oder zu digitalen Daten. Verbindungen können in beide Richtungen gestört, Kommunikationswege abgeschnitten sein. In solchen Situationen kommt erneut die „3 Alpha" zum Tragen. Wird dieses Prinzip richtig angewendet, weiß man, was zu tun ist, ohne eine dauerhafte Verbindung haben zu müssen. Das Ziel ist klar und alle **agieren im Sinne der übergeordneten Absicht.** Damit diese Absicht aber auch unmissverständlich deutlich ist, erfolgt (wenn immer möglich) die „Befehlsausgabe" trotz aller moderner Führungsmittel mündlich unmittelbar (siehe auch die Ausführungen in Kapitel 6). Auch wenn dazu die Führungskraft einen weiteren Weg zurücklegen muss, der persönliche Kontakt, wenn es heißt „meine Absicht ist es…“, hat sich bewährt und ist unverzichtbar.

Das hat seinen guten Grund. Es ist *das* Mittel, um eine „3 Alpha“ zu vermitteln. Es ist wichtig, der Person ins Auge zu sehen, die die Absicht umsetzen muss, und dies in einer absoluten Stresssituation. Denn nur so kann die Führungskraft tatsächlich überprüfen: Kann sie das? Hat sie meine Intention verstanden? Wie geht es ihr dabei? Ist die sonst fröhliche und redegewandte Person eher still – erschöpft, abgekämpft, am Rande der Leistungsfähigkeit oder Aufnahmebereitschaft? Über den digitalen Weg fehlt dieses Gespür bzw. die Wahrnehmung. Daher gilt: Um 011800ZJun22[33] zur Befehlsausgabe auf den Gefechtsstand!

Tipps für Ihr Führungshandeln:

Nutzen Sie die Möglichkeiten der virtuellen Kommunikation, aber sehen Sie diese nicht als Allheilmittel!

Stellen Sie sicher, dass Sie mindestens einmal pro Jahr jeden Standort besuchen, an dem Sie Mitarbeiter haben. Zusätzlich sollten Sie einmal im Jahr alle Mitarbeiter zum Hauptsitz einladen.

Wenn persönliche Treffen nicht möglich sind (z.B. wegen Lockdown oder Quarantäne): Bestehen Sie auf Videokonferenzen, bei denen Sie Ihrem Gegenüber ins Gesicht schauen können! Nutzen Sie auch andere Kanäle (z.B.

---

[33] Die Datum/Zeit-Gruppe ist ein Format für Datumsangaben mit Uhrzeit in der NATO; hier der 01. Juni 2022 um 18.00 Uhr Zulu-Zeit

Kollegen vor Ort), um sicherzustellen, dass es Ihren Mitarbeitern gut geht – nicht zur Kontrolle, sondern um ein vollständigeres Bild zu bekommen.

Achten Sie bei hybriden Meetings darauf, keine Trennung zwischen Gruppen zu schaffen. Konzentrieren Sie sich besonders auf die Kommunikation mit den Standorten, die nicht vor Ort sind!

9. Die „TOC" – alle notwendigen Informationen auf einen Blick und an einem Ort

Negativbespiele aus der Wirtschaft

„Ehrlich gesagt, wir in der Geschäftsführung kennen die genauen Auftragszahlen für unsere Produktneuheit, den HS 22, nicht so gut. Da sollten Sie besser im Vertrieb nachfragen."

„Ja, wir haben eine Art Mitarbeiterbefragung, aber der Kollege aus HR, der sich darum kümmert, ist gerade in Elternzeit. Ich sage ihm, dass er Sie anruft, wenn er nächstes Jahr wieder da ist."

Der Ort, an dem alle für die Führungskraft notwendigen Informationen zusammenlaufen, ist im Militärischen die „TOC" oder das **Tactical Operations Center**. Sie ist meist Teil, bzw. Kern eines Gefechtstandes. Oftmals noch untergliedert in unterschiedliche Bereiche, wie

Operationsführung und -planung, Informationsgewinnung und -bewertung, Personal, Logistik und Kommunikation, ist sie der Bereich, an dem die Informationen für die Führungskraft zusammengefasst, bewertet, bereitgestellt und wieder verteilt werden.

Die TOC ist der Ort, an dem die Führungskraft jederzeit ein **aktuelles Lagebild** bekommt, die sie als Grundlage für ihre Entscheidungen nutzen kann. Vergleichbar ist dies mit der Brücke eines Schiffes, dem Leitstand in einem Kraftwerk oder dem Lagezentrum von Polizei bzw. Feuerwehr.

Optische bzw. digitale Darstellungen wie Lagekarten, Übersichten, Ereignisse usw. machen den Informationsstand transparent. Dabei sollte auf den Übersichten unbedingt der „Stand“, also die Angabe, wann das Dokument erstellt bzw. aktualisiert wurde, vermerkt sein. Die Führungskraft erkennt damit auf einen Blick, wie alt die angezeigte Information ist.

Betritt der Kommandant bzw. der Kapitän die Brücke (also seine TOC), bekommt er sofort ungefragt die notwendigen Informationen zum Zustand des Schiffes (Kurs, Geschwindigkeit, Position, Wetter usw.). Kommt ein militärischer Führer in die TOC, erhält er einen **LVU (Lagevortrag zur Unterrichtung)**[34]. Der LVU hat das Ziel, den/die Zuhörer zu informieren, auf einen einheitlichen Kenntnisstand zu bringen und abgestimmtes Arbeiten zu ermöglichen[35]. Weiterhin können Entscheidungsträger/innen sich so vollends auf den Kernprozess

---

[34] Im Zivilen Lagevortrag zur Information
[35] Vgl. Truppenführung – Führung in Landoperationen; Bundeswehr C1-160/0-1003; Ziffer 378

des Führens und Entscheidens beschränken. Ein Merkmal erfolgreicher Kommunikation ist es, dass vermeintlich Selbstverständliche auszusprechen. Es kostet wenig Zeit und Mühe, bietet jedoch der Führungskraft die Sicherheit, dass sich alle auf einem gemeinsamen Nenner befinden.

Lagevortrag zur Information

1. **Auftrag**
   Von Führung erhaltener Auftrag
2. **Gefahren- / Schadenlage**
   - Art, Umfang, Ursache der Schäden
   - Personenschäden
   - Tier- und Sachschäden
   - Bereits bekämpfte Schäden
3. **Eigene Lage**
   - Eigene Absicht
   - Eingesetzte Kräfte und Mittel
   - Einsatzbereitschaft und Einsatzwert
   - Versorgungslage
4. **Lageentwicklung**
   - Entwicklung der Schadenlage
   - Entwicklung der eigenen Lage
   - Planung des weiteren Vorgehens
5. **Besondere (**Führungs-**)Probleme**
   Und ggf. bereits getroffene Maßnahmen
6. **Anträge und Vorschläge**
7. **Zusammenfassung**

Abb. Beispiel eines Lagevortrags zur Information im Bereich Rotes Kreuz

Ein Lage- oder auch Informationszentrum kann auch im zivilen Umfeld helfen, alle notwendigen Informationen an einem Ort parat und aktuell zu haben. Es dient als Raum, in dem Entscheidungen getroffen oder Informationen vermittelt werden. Die Bundesagentur für Arbeit oder das Bundesamt für Migration und Flüchtlinge hatten beispielsweise zu Krisenzeiten ein Lagezentrum etabliert, um schnelle Entscheidungen auf Basis von umfassend bewerteten Informationen zu ermöglichen.

Tipps für Ihr Führungshandeln:

Dashboards, Balanced Scorecards und Analyse-Tools sind heute Standard. Der größte Vorteil militärischer Prinzipien liegt in der Visualisierung! Einigen Sie sich im Führungsteam auf die wichtigsten Kennzahlen. Richten Sie einen physischen Ort ein, an dem diese immer aktuell gezeigt werden, z. B. auf einem Großbildschirm oder klassisch auf einer Tafel mit Papierdokumenten.

Stellen Sie sicher, dass die Verantwortlichen ihre Kennzahlen regelmäßig aktualisieren.

Etablieren Sie feste Strukturen, um die wichtigsten Kennzahlen durchzugehen. Gehen Sie reihum und lassen Sie jeden Verantwortlichen die aktuellen Kennzahlen kurz präsentieren. Es gibt keine Ausnahmen – jede Kennzahl soll genannt werden!

Kürze ist entscheidend. Setzen Sie ein Zeitlimit für jeden Bericht! Einige Mitarbeiter müssen lernen, sich kurz zu fassen und nicht ins Detail zu gehen. Besonders bei kritischen Kennzahlen empfiehlt sich das Ansprechen-Beurteilen-Folgern-Schema.

10. Backbrief to the Commander oder ist der Auftrag verstanden?

Ein Negativbeispiel aus der Wirtschaft:

Sabine Schramm, Arbeitsdirektorin und Personalleiterin bei Textilio, gibt ihrem Mitarbeiter Rafael Rodriguez, dem Leiter der Personalentwicklung, einen wichtigen Auftrag. Rodriguez soll ein externes Benchmark zum Thema „Bemühungen zur Erhöhung der Arbeitgeberattraktivität in der Textilindustrie" erstellen. Der junge Mitarbeiter ist begeistert von der Aufgabe und macht sich sofort an die Arbeit, ohne zunächst Rückfragen zu stellen.

Nach ein paar Wochen präsentiert Rodriguez Schramm stolz eine neue „Diversity Employer Branding"-Kampagne für Textilio. Er hat sogar erste Storyboards für eine Kinowerbung dabei, in der das Unternehmen als besonders vielfältiger Arbeitgeber dargestellt wird.

Schramm hört sich alles an und sagt dann: „Das ist alles gut und schön, Herr Rodriguez, aber war das unser Auftrag?"

Auf Kommunikation und Sprache als Schlüssel für Auftragserteilung wurde bereits eingegangen. Doch nicht immer kann sichergestellt werden, dass „Sender" und „Empfänger" wirklich dasselbe meinen. Insbesondere in außergewöhnlichen Stresssituationen (z.B. militärischer Einsatz, Produktionsstillstand oder zeitlicher Druck allgemein) sowie bei unterschiedlichen „Zeichenvorräten" aufgrund verschiedener Nationalitäten ist ein Nachfragen sinnvoll.

Im militärischen Führungssystem ist eine Synchronisierung zwischen Sender und Empfänger etabliert. Diese reicht vom einfachen **„Wiederholen Sie den Auftrag!"** als Kontrollaufforderung an einen Soldaten oder eine Soldatin im Sinne eines „Read-Back-Verfahrens" bis hin zum komplexen **„Backbrief to the Commander"** nach einer Befehlsausgabe in Vorbereitung einer anstehenden Operation. Insbesondere das „Backbrief" ist geeignet, sicherzustellen, dass der Auftrag bekannt ist, jeder das Ziel kennt und der Weg dorthin samt den operativen Faktoren verstanden wurde. Alles muss auf seine Absicht des Handelns erkennbar bezogen sein. Gerade wenn unterschiedliche Nationen aufeinandertreffen, können Führungsverständnis und Fähigkeiten stark voneinander abweichen. Wenn das Backbrief dann mit dem Satz beginnt **„Ihre Absicht ist es…"** und ein klares **„um zu…"** hinzukommt, sind schon 2/3 der Botschaft angekommen.

Tipps für Ihr Führungshandeln:

Auch in vielen zivilen Organisationen kommt es überraschend oft vor, dass Mitarbeiter nicht das tun, was von ihnen erwartet wird. Das liegt entweder daran, dass der Vorgesetzte den Auftrag nicht klar genug formuliert hat, oder weil das sprachliche, fachliche oder kulturelle Verständnis unterschiedlich war. Besonders unterschiedliche Vorstellungen (z.B. was „pünktlich" oder „effizient" bedeutet) führen oft zu Missverständnissen.

Seien Sie daher so präzise wie möglich! Vermeiden Sie ungenaue Begriffe wie „asap", „kurz" oder „möglichst billig". Nennen Sie konkrete Uhrzeiten, die Dauer von Präsentationen oder genaue Zielpreise.

Der Begriff „Commander" mag bei manchen Mitarbeitern falsche Assoziationen wecken. Aber „Backbriefing" wird in Unternehmen allgemein gut akzeptiert. Nach der Übergabe eines Auftrags können Sie, um sicherzustellen, dass alles richtig verstanden wurde, Ihre Mitarbeiter bitten, den Auftrag in einem Backbriefing noch einmal zusammenzufassen.

Hören Sie beim Backbriefing genau zu! Geben Sie sofort Feedback, wenn Sie merken, dass Ihr Mitarbeiter den Auftrag nicht vollständig oder korrekt wiedergegeben hat.

11. Mein Verantwortungs- und Interessensbereich

Ein Negativ-Beispiel aus der Wirtschaft

Beta Tech ist seit über hundert Jahren ein erfolgreicher Nischenplayer in der Elektronikindustrie – das Wachstum ist stetig, die Auftragslage hervorragend.

Für viele Mitarbeiter, vom Pressesprecher bis zum Verwaltungsratsmitglied, war es dennoch immer schwierig, ein vollständiges Bild der Unternehmenssituation zu bekommen, wenn sie nicht direkt den Geschäftsführer fragten.

Der Grund war „historisch gewachsen": Bei Beta Tech waren die Personaler für Personal zuständig, Kaufleute für Finanzen und Techniker für die Produktion. Fragte man einen Personaler nach den Einkaufspreisen für Rohmaterialien, bekam man oft nur ein Achselzucken als Antwort. Berichte zur finanziellen Lage oder Marktforschungsergebnisse wurden per E-Mail ohne Kommentar an die nächste Abteilung weitergeleitet – ein Vorgang, der intern „über den Zaun werfen" genannt wurde.

Was die Empfänger mit den Informationen machten, war den Verfassern meist egal. Diese Haltung zeigte sich deutlich in einem Kommentar des Produktionsleiters: „Die Kaufleute erstellen jeden Monat irgendwelche Tabellen, die sich dann aber sowieso keiner anschaut…"

Der sinnvolle Einsatz der im Kapitel 2 beschriebenen operativen Faktoren gilt primär für den eigenen Verantwortungsbereich, im weiteren Sinne jedoch auch für den Interessensbereich der Führungskraft. Der Blick über den Zaun ist hier wichtig – was passiert „um mich herum", wer oder was kann mein Handeln beeinflussen?

–   Der **Verantwortungsbereich** ist dabei der zugewiesene Bereich, für den eine Führungskraft ursächlich verantwortlich ist – hier kommt das System der radikalen Subsidiarität zum Tragen[36] (z. B. ein Gefechtsstreifen, ein Team, ein Projekt oder eine Organisationseinheit).

Führungskräfte müssen über ein klares und umfassendes Bild bezüglich der in ihrem Verantwortungsbereich vorhandenen operativen Faktoren verfügen. Nur so können sie diese Faktoren angemessen einsetzen.

---

[36] Vgl. Kapitel 1 Auftragstaktik.

– Der **Interessensbereich** ist ein über den eigenen Verantwortungsbereich hinausgehender Bereich, der für das eigene Handeln von Bedeutung werden kann oder der unter Umständen durch das eigene Führungsverhalten beeinflusst wird. Dazu gehört z. B. das Nachbarbataillon, ein anderes Team, die benachbarte Produktionsabteilung oder die zuständige nächste Führungseinheit.

Tipps für Ihr Führungshandeln:

Definieren Sie gemeinsam mit Ihrem Team den Interessensbereich, der über Ihren Verantwortungsbereich hinausgeht. Dieser kann interne Abteilungen umfassen, aber auch externe Faktoren berücksichtigen.

Die ungenutzten Kapazitäten in der eigenen Produktion fallen für den Unternehmer zum Beispiel unter den „Verantwortungsbereich". Lieferprobleme des Konkurrenten hingegen, obwohl nicht direkt beeinflussbar, haben großen Einfluss auf Entscheidungen zur Produktionssteigerung und gehören daher zum „Interessensbereich".

Etablieren Sie Mechanismen, um regelmäßig Informationen aus dem Interessensbereich in Ihre Arbeit einzubeziehen. Das kann durch Kennzahlen im Team-Meeting geschehen oder durch die Einladung von Personen aus dem Interessensbereich, die in Ihren Besprechungen berichten.

Achten Sie darauf, welche Abteilungen Sie und Ihr Team als Interessensbereich ausgewählt haben. Stellen Sie sicher, dass diese Abteilungen alle relevanten Informationen von Ihnen erhalten.

Manchmal überschreiten Abteilungsleiter ihre Grenzen, indem sie in andere Bereiche hineinreden oder sogar Entscheidungen für andere treffen. Wenn das passiert, sprechen Sie das an. Verwenden Sie die Begriffe „Verantwortungsbereich" und „Interessensbereich", um die Situation zu klären.

12. After Action Review – oder Lernen aus Fehlern

Ein Negativ-Beispiel aus der Wirtschaft

Das ehemalige Startup „Medical Robots" steht am Scheideweg. Die ersten Finanzierungsrunden führten zu gutem Wachstum und erfolgreichen Prototypen, aber jetzt wird das Geld knapp. Eine Drittmittelfinanzierung durch einen EU-Fonds könnte langfristige Liquidität sichern und das Unternehmenswachstum sowie die Produktentwicklung unterstützen.

Es war nicht einfach, die Gelder zu bekommen. Nur etwa ein Drittel der Startups, die vor den EU-Experten pitchten, erhielten eine Zusage. Medical Robots arbeitete daher mit erfahrenen Beratern an den Bewerbungsunterlagen, und eine PR-Agentur half dem Führungsteam, eine perfekte Präsentation vorzubereiten.

Zwei Wochen nach dem anstrengenden Pitch in Brüssel erhielt der CEO die schlechte Nachricht: Trotz einer soliden Präsentation reichte es nicht für eine Finanzierung.

Nach einer kurzen Schockphase rief der CEO das Team zusammen. „Schlechte Nachrichten, Leute, die EU hat uns leider abgelehnt. Aber Kopf hoch, wir machen weiter. Es bringt nichts, in der Vergangenheit zu wühlen. Schauen wir nach vorne und vergessen wir, was in Brüssel schiefgelaufen sein könnte!"

Enttäuscht von der fehlenden Reflexion ihres Chefs machten sich die Mitarbeiter wieder an die Arbeit.

„Aus Erfahrung wird man klug". Diese Weisheit ist im militärischen Übungs- und Einsatzgeschehen institutionalisiert. Der After Action Review (AAR) steht für einen systematischen Austausch von Erfahrungen und Wissen sowie die gemeinsame Rückschau auf eine abgeschlossene „Operation". Diese Form des Lernens durch Feedback schließt sich idealerweise unmittelbar an eine „Action", also ein Ereignis von Relevanz, an, ist geprägt von offener Kritik und wird straff geführt.

Im Kern geht es darum, Erfahrungen und Faktoren, die zum Erfolg beigetragen haben, für alle sichtbar zu machen. Dies orientiert sich an den Fragen: Was war geplant? Was passierte tatsächlich? Warum passierte es? Und was können wir daraus lernen? Die (militärische) Führungskraft ist immer Teil des AAR und bringt sich im Sinne eines gemeinsamen Lernprozesses ein.

Der Prozess ist Teil der Kriterien die eine „high reliability organization" (HRO) beschreiben, und man findet ihn z.B. auch bei Polizei oder Rettungskräften wieder.

Ein **AAR** ist auch ein Beispiel für „Führen von vorne"; Konflikt- und Diskussionsfähigkeit über Hierarchiestufen hinweg erhöht die Akzeptanz und die Motivation aller Mitwirkenden.

Im JMRC[37] auf dem Truppenübungsplatz Hohenfels in der Oberpfalz oder im GÜZ[38] der Bundeswehr, gibt es sogar mobile Besprechungsräume mit Videoausstattung auf LKW's, die unmittelbar nach einem Übungsabschnitt

---

[37] Das Joint Multinational Readiness Center (**JMRC**) bildet Führer, Stäbe und Einheiten mit hochtechnologischer Simulationsunterstützung für ihre Aufgaben aus.

[38] Gefechtsübungszentrum Heer (GÜZ, formal: GefÜbZH) ist eine Zentrale Ausbildungseinrichtung des Heeres

im Gelände (also vor Ort) genutzt werden, um mit einem **AAR** die Übungsteilnehmer mit ihrem Handeln zu konfrontieren.

Letztendlich geht es hier um eine gelebte Lernkultur. Das Lernen aus Fehlern ist tief in der DNA der Streitkräfte verankert. Dies zeigt sich in der Vielzahl und Art von Übungen und Manövern, bei denen Methoden und Verfahren erprobt, bewertet, verbessert und erneut durchgeführt werden. Ein herausragendes Beispiel dafür ist der Betrieb auf einem Flugzeugträger. Dort liegt der bewusste Fokus auf Fehlern und deren Analyse. Jede Flugzeuglandung wird bewertet, und diese Beurteilungen dienen dazu, die Leistung kontinuierlich zu verbessern. Jede Landung wird gefilmt und auf dem gesamten Schiff ausgestrahlt, sodass alle am Flugbetrieb Beteiligten die Leistung aller nachvollziehen können.

Schlechte Landungen werden innerhalb einer Stunde besprochen, und jede Person, die den Vorfall miterlebt hat, ist aufgefordert, schriftlich festzuhalten, was sie gesehen und gehört hat. Diese Praxis sorgt dafür, dass das Team sich aktiv mit den eigenen Fehlern auseinandersetzt und aus ihnen lernt. Selbst kleinere Fehler, wie ein falsch positioniertes Flugzeug auf dem überfüllten Deck, werden als Hinweise auf potenziell größere Probleme innerhalb des Systems betrachtet, etwa auf mangelnde Kommunikation innerhalb der Mannschaft.

Eine konsequente Fehlerkultur, bei der Mängel in der Ausbildung oder im Vorgehen schnell erkannt und behoben werden, schafft ein Umfeld, in dem sich jede Person verantwortlich fühlt, ihren individuellen Beitrag zur Problemlösung zu leisten.

Dabei spielt das selbstständige Scheitern eine wichtige Rolle, denn nur wer eigene Fehler macht und aus diesen lernt, denkt intensiv darüber nach, wie der eigene Beitrag zur Lösung aussehen kann. Diese Reflexion stärkt nicht nur die individuelle Leistung, sondern auch die kollektive Kompetenz und Resilienz der gesamten Einheit.

Schon der Heilige Benedict, ein Urvater der Führungslehre, schreibt in seinen Anweisungen an einen Abt in Anlehnung an die Ausführungen von Papst Gregor dem Großen[39]: „Muss er zurechtweisen, so handle er klug und gehe nicht zu weit, damit das Gefäß nicht zerbreche, wenn er den Rost allzu eifrig auskratzen möchte. Er schaue immer mit Misstrauen auf seine eigene Gebrechlichkeit und denke daran, dass man das geknickte Rohr nicht vollends zerbrechen darf. Damit wollen wir nicht sagen, er dürfe Fehler wuchern lassen, im Gegenteil: Er rotte sie, wie wir schon gesagt haben, klug und liebevoll aus, wie er es für jeden zuträglich findet, und er strebe danach, mehr geliebt als gefürchtet zu werden."

Tipps für Ihr Führungshandeln:

Retrospektiven („Retros") sind inzwischen auch außerhalb der agilen Arbeitswelt in vielen Unternehmen angekommen. Trotzdem werden sie in einigen Organisationen gar nicht, in anderen nur halbherzig durchgeführt. Analysieren Sie regelmäßig mit Ihrem Team den Ablauf von Projekten – zum Beispiel nach einer Angebotspräsentation bei einem Kunden, dem Go-Live eines Produkts oder nach einer Messe.

---

[39] Vgl. Papst Gregor der Große, Liber Regulae Pastoralis, Buch 2, Kapitel 6

Ein After Action Review (AAR) kann direkt nach Projektabschluss, nach einer Kundenabsage, bei Budgetüberschreitungen oder anderen Problemen durchgeführt werden. Selbst ein erfolgreiches Projekt sollte einen AAR nicht ausschließen!

Schaffen Sie im Team eine offene Atmosphäre, in der auch kritische Themen besprochen werden können. Stellen Sie sicher, dass sich alle sicher fühlen, ihre Meinung zu äußern. Legen Sie klare Spielregeln fest! Bei McKinsey ist zum Beispiel das Recht zur Meinungsäußerung („the obligation to dissent") fest verankert. Gehen Sie mit gutem Beispiel voran und üben Sie im AAR offene Kritik, auch an eigenen Entscheidungen und Verhaltensweisen.

Arbeiten Sie nach einem strukturierten Verfahren, in dem die Beteiligten in einer bestimmten Reihenfolge Kritik üben und Feedback geben können.

Erstellen Sie am Ende konkrete „Aktionspunkte": Was werden Sie beim nächsten Mal anders oder besser machen?

13.   „Eingesetzt im Schwerpunkt…"

Ein Negativ-Beispiel aus der Wirtschaft

Großer Aufruhr in der Luxemburg-Filiale des Autoreifen-Produzenten Gummi AG.

Die Bündelung operativer Faktoren wie **Zeit, Personal, Finanzen und Informationen** ist oft entscheidend, um eine fundierte Entscheidung zu treffen oder ein operatives Ziel zu erreichen. Führungskräfte müssen daher in der Lage sein, **Schwerpunkte** klar zu definieren und sicherzustellen, dass alle nötigen Ressourcen zur richtigen Zeit auf das richtige Ergebnis konzentriert werden. Dies bedeutet auch, dass sie in weniger kritischen Bereichen bewusst **Lücken in Kauf nehmen** müssen, um das gesetzte Ziel nicht zu gefährden. Falsches Führungsverhalten zeigt sich, wenn zu viele Ressourcen auf Nebenaufgaben verteilt werden, anstatt die Kräfte auf die entscheidenden Punkte zu lenken. Klarheit und Einfachheit in Denken und Handeln sowie die Fähigkeit zum bewussten „Auslassen" sind dafür entscheidend

Das Prinzip der Schwerpunktbildung geht über die zeitliche Priorisierung hinaus. Führungskräfte müssen ihre Teams nicht nur darin unterstützen, die Reihenfolge der Aufgaben festzulegen, sondern sie müssen auch operative Entscheidungen treffen, die den langfristigen Erfolg sichern. Ein klarer Fokus und die Fähigkeit, Aufgaben bewusst auszulassen, sind hier entscheidend. Nur durch diese Konzentration der Ressourcen kann ein effektiver Weg zum Erfolg geebnet werden.

Ein anschauliches Beispiel aus dem militärischen Bereich zeigt, wie wichtig es ist, den **Schwerpunkt klar zu erkennen**: Eine militärische Führungskraft weiß genau, ob sie im Schwerpunkt einer Operation eingesetzt ist. Dies wird nicht nur durch klare Anweisungen, sondern auch durch die bevorzugte Zuteilung von Kräften, Mitteln und Informationen deutlich gemacht. **Man merkt, wenn man im Schwerpunkt ist** – die volle Konzentration der Ressourcen zeigt sich in jedem Detail.

Führung bedeutet, nicht nur Prioritäten nach einer zeitlichen Logik zu setzen, sondern die operative Notwendigkeit in den Vordergrund zu stellen. Es kann nur einen **Schwerpunkt** geben – das Ziel muss klar definiert und die Ressourcen fokussiert werden. Mehrere Schwerpunkte zu setzen, führt unweigerlich zu Verzettelung und zur Verwischung des eigentlichen Ziels.

Merke: Es geht um <u>einen</u> Schwerpunkt, nicht „Schwer-flächen".

Nur durch diese klare Schwerpunktbildung gelingt es, operative Ziele zu erreichen. **Ohne diesen Fokus bleibt jede Priorisierung eine rein zeitliche Entscheidung**, die ihre Wirkung nicht vollständig entfalten kann.

Tipps für Ihr Führungshandeln:

Verstehen Sie die Unternehmensstrategie und machen Sie sie auch Ihren Mitarbeitern klar. Erklären Sie das „Big Picture"!

Akzeptieren Sie, dass Ihr Bereich nicht immer im Mittelpunkt steht. Konkret beinhaltet dies, auch einfach einmal einer übergeordneten Strategie zu folgen. Ein US-Konzern beschreibt dies mit „Good followership is as important as good leadership. "

Helfen Sie Ihren Mitarbeitern, Aufgaben richtig zu priorisieren. Zeigen Sie ihnen, was für den Gesamterfolg wichtig ist — und was weniger.

Manchmal bedeutet das, bestimmte Tätigkeiten einzustellen. Führungskräfte müssen lernen, sich von Aufgaben, Projekten oder alten Produkten zu trennen. Management-Denker Fredmund Malik nennt dies „systematische Müllabfuhr." Tech-Unternehmen erstellen regelmäßig „Kill Lists." Gute Strategen entscheiden bewusst, was nicht mehr getan werden soll.

14.   Führung braucht Vorbilder

Ein Negativ-Beispiel aus der Wirtschaft

"Wir müssen die Gürtel enger schnallen", predigt Peter Mann, kaufmännischer Geschäftsführer der Meier AG, auf der eigens einberufenen Betriebsversammlung. „Wahrscheinlich wird es uns gelingen, ohne Kündigungen durch diese wirtschaftlich schwierige Phase zu kommen. Aber ich bitte um Verständnis darum, dass wir in diesem Jahr keine Lohnanpassungen vornehmen können. Aufgrund eines 'Travel Freezes' müssen auch alle Geschäftsreisen sowie die Weihnachtsfeier abgesagt werden."

Sagte es und verschwand. Denn auf Mann wartet noch ein Flug nach Berlin— natürlich in der Business Class — wo er endlich seinen schon lange herbei gesehnten und schon vor geraumer Zeit bestellten neuen Dienstwagen, ein Modell der absoluten Luxusklasse, in Empfang nehmen darf.

Unterhält man sich über einen Vorgesetzten oder eine Vorgesetzte, so kann man gelegentlich den Satz hören „Mit dem / ihr gehe ich jederzeit in den Einsatz". Das höchste Lob, dass man als militärische Führungskraft bekommen kann – man vertraut den Führungsfähigkeiten in einer Situation, bei der es um Leben und Tod geht. Als Führungskräfte prägen wir Einstellungen und Verhalten unserer Mitarbeiterinnen und Mitarbeiter. Nur wenn man in seinem Führungshandeln das Bekenntnis zur Aufgabe und echtes Interesse an den Beschäftigten mit Selbstbewusstsein und Stolz beweist, erlangt man die notwendige Authentizität und Überzeugungskraft.

Es geht nicht darum, die ideale Führungskraft zu verkör-
pern, sondern vielmehr darum, in der Aufgabenstellung
wirksam und glaubwürdig zu sein[40].

Tipps für Ihr Führungshandeln:

*Symbolische Führung zeigt sich in Worten, Handlungen
und Artefakten. Welche Worte wähle ich, wenn meine
Mitarbeitenden zuhören? Wo zeige ich mich und wo nicht?
Wie sieht mein Büro aus und welche Gegenstände wähle
ich? Ihre Mitarbeiter achten genau darauf, was Sie sagen,
tun und welche Symbole Sie verwenden – tun Sie es auch!*

*Beachten Sie immer, wie Sie auf andere wirken. Eine hilf-
reiche Frage könnte sein: Wenn ich dieses Verhalten bei
meinen Vorgesetzten oder bei meinen Mitarbeitern sehen
würde – wäre das für mich in Ordnung?*

15. Zu guter Letzt noch ein paar Begriffe und Themen mit militärischem Bezug im Überblick

– Der „Leistungsverstärker" oder Privilegien müssen Sinn ergeben

Schon auf niedrigerer Führungsebene im Militär verfügt
die Führungskraft über eine/n Fahrer/in – nicht als Sta-
tussymbol, sondern als essenzielle Unterstützung im

---

[40] Vgl. Bundesagentur für Arbeit, Führungskompass – entwickelt auf
der Basis militärischer Führungsgrundsätze durch den Verfasser, Juli
2014

operativen Alltag. Dabei geht es nicht primär um das sichere Führen des Fahrzeugs; vielmehr schützt der Fahrer oder die Fahrerin die Führungskraft vor Störungen, stellt durch die Bedienung des Funkgeräts die Kommunikation sicher und schafft so den Freiraum, sich voll und ganz auf das Wesentliche zu konzentrieren – das Führen. Diese Unterstützung ist keine Frage des Privilegs, sondern dient dazu, die Führung effektiver und effizienter zu gestalten.[41]

Auf höheren Führungsebenen wird diese Unterstützung durch einen Adjutanten oder Military Assistant erweitert. Über die Grundfunktionen „fahren, funken, schützen" hinaus fungiert der Adjutant als **„Leistungsverstärker"** der Führungskraft. Seine Rolle geht weit über organisatorische Aufgaben hinaus – er/sie unterstützt in der Informationsbeschaffung, koordiniert die knappe Zeit der Führungskraft und sorgt für eine reibungslose Planung. Dabei liegt der Fokus auf der Organisation des Tagesablaufs, dem Management von Terminen und der Weiterleitung von Besprechungsergebnissen.

Zudem liefert der Adjutant umfassende Hintergrundinformationen zur politischen und militärischen Lage, die für fundierte Entscheidungen unerlässlich sind.

Im zivilen Bereich erfüllt die **Vorstandsassistenz** eine vergleichbare, unverzichtbare Funktion. Hier gilt es ebenso, die Führungsspitze vor unnötigen Ablenkungen zu schützen, den Informationsfluss zu steuern und dafür zu sorgen, dass die Führungskräfte ihre Ressourcen auf strategische Entscheidungen konzentrieren können. Die Vorstandsassistenz ist damit weit mehr als eine administ-

---

[41] Vgl. Wellershof, Dieter: „Führen", Bonn (Bouvier) 1997

rative Rolle; sie ist der strategische Partner im Hintergrund, der den Erfolg des Unternehmens maßgeblich mitgestaltet.

— **Der Stab hat dienende Funktion**

Auf höheren Führungsebenen gibt es häufig die Funktion eines Stabes als Unterstützungselement. Der Stab ist ein Instrument in der Hand der oberen Führungskraft und hat eine dienende Funktion. Es obliegt ihm nicht, aus eigener Befugnis Weisungen zu erteilen. Ziel der Stabsarbeit ist vielmehr die **optimale Entscheidungsvorbereitung**. In diesem Sinne gilt es, durch professionelles Informationsmanagement die operativen Faktoren in Einklang zu bringen. Damit soll eine sachgerechte, grundsätzliche und dauerhafte Lösung verwirklicht werden. Gute Stabsarbeit zeichnet sich dadurch aus, dass sie einerseits ein ganzheitliches Handeln im Verantwortungsbereich im Sinne der Absicht der übergeordneten Führung sicherstellt, andererseits aber den notwendigen Handlungsspielraum für die Umsetzung vor Ort lässt.

— **Agiles Führen ist ein bewährtes Führungsprinzip**

Agilität steht für Beweglichkeit im Denken und Handeln, Flexibilität in der Auftragserfüllung, Antizipieren von Chancen und Risiken, Bereitschaft sich auf Neues anzulassen sowie den festen Willen zu gestalten.

Führung im Militärischen war schon immer agil. Im Führungsprinzip „**Auftragstaktik**" wird das klar definierte Ziel bei eigener Wahl der Mittel und des Weges dorthin erreicht. Man machte etwas „in order to" – so kann man in einem agilen Umfeld sein Vorgehen anpassen und vom konkreten Auftrag abweichen – dem Ziel aber weiter dienen[42]. Transparenz und informationelle Überlegenheit charakterisieren agile Führung und ebenso die dynamische operative Führung. Der militärischen Führungskraft ist bewusst, dass sich Ausrüstung, Truppenstärke und Zielsetzung des Gegners genauso wie die eigene Lage ständig ändern können[43]. Hinzu kommt, was Carl von Clausewitz[44] **„Friktion"** nennt. Er meint damit die Summe vieler dem Anschein nach kleiner Verzögerungen, Fehler und Missverständnisse, die das Kriegsgeschehen auch von akribischer Vorbereitung abweichen lässt. Nichts anders beschreibt agiles Handeln zum Beispiel in einem IT-Projekt.

Folgende Aufgaben von Führung werden der Agilität zugeschrieben und finden sich im militärischen Führungshandeln wieder: Umgang mit Chaos; Befähigung eines Teams, selbst zu entscheiden; aktive Nutzung von Freiräumen (Auftragstaktik); Unvorhersagbarkeit als Basis; stetige Veränderungen der Lage; Netzwerkstrukturen (Interessenbereich); mutige Entscheidungen und Loslegen ohne vollständige Informationen; Lernen und Verbessern im Prozess (Führungsprozess).

Agiles Arbeiten fördert und fordert aber auch die Kommunikation. Ein transparenter Austausch ist fester Bestandteil in einem agilen Umfeld. Hier sei nochmal auf

---

[42] Vgl. Manager Magazin: „Der Ernstfall", Ausgabe Mai 2022, S. 129
[43] Vgl. Meurer, Andreas, Agil wie ein Preuße; https://java-pro.io/agil-wie-ein-preusse/; abgerufen 17.04.22
[44] Von Clausewitz war ein preußischer Generalmajor, Heeresreformer, Militärwissenschaftler und -ethiker. Clausewitz wurde durch sein unvollendetes Hauptwerk ,Vom Kriege' bekannt, das sich mit der Theorie des Krieges beschäftigt.

das Backbrief to the Commander, den LVU oder die After Action Review (AAR) verwiesen.

– Auch „digitales" Führen ist kein Neuland

In den Streitkräften wird seit langem über elektronische Kommunikationswege (Funk) geführt. Neben der Sprache überträgt man eine Vielzahl von Informationen auch als Daten und führt diese zu einem Lagebild zusammen – man führt quasi digital. Ein moderner Gefechtsstand wird dominiert von elektronischen Führungsmitteln, selbst die gute alte Lagekarte hat der digitalen Darstellung meist weichen müssen.

Aber auch die Arbeit selbst ist „digital" geworden. Neue Befehle zum Beispiel werden im Sinne eines **kollaborativen Arbeitens** aus unterschiedlichen Teilbeiträgen zusammengesetzt. Nicht eine Person schreibt diesen Befehl, sondern alle Führungsgrundgebiete (siehe Kapitel 3.4) tragen auf Basis des Entschlusses ihren Part in einem digital geteilten Dokument bei.

Hierarchie wird hier durch Beteiligung ersetzt. Eine Führungskraft, die in einem kollaborativen Kontext arbeitet, teilt ihre Informationen digital (siehe Kapitel 3.4), erlaubt Verantwortlichkeiten und Kompetenzen, sich zu entwickeln, und bietet regelmäßig Feedback an (siehe Kapitel 11 und 13).

– Der Begriff VUCA kommt aus dem Militärischen

Der Begriff **VUCA** (Volatility, Uncertainty, Complexity, Ambiguity) wurde Anfang der 1990er Jahre vom Militär geprägt, um die neuen Herausforderungen nach dem Ende des Kalten Krieges zu beschreiben. Während des

Kalten Krieges war die Bedrohung eindimensional und konzentrierte sich auf einen klar identifizierbaren Gegner. Doch in den Folgejahren wandelte sich das Bedrohungsszenario grundlegend: Es zersplitterte in neue Formen wie Terrorismus, Selbstmordattentäter und dezentral organisierte Gegner – eine völlig neue und unvorhersehbare Herausforderung.

Das Militär reagierte auf diese neue VUCA-Welt nicht nur durch Investitionen in neue Technologien, sondern auch durch tiefgreifende organisatorische Veränderungen. Dazu gehörte der verstärkte Einsatz von **Drohnen**, **Robotik**, **Künstlicher Intelligenz (KI)** und anderen modernen Technologien, die eine schnellere und präzisere Entscheidungsfindung ermöglichen. Es wurden neue, flexible und vernetzte Organisationsstrukturen geschaffen, die auf Agilität und schnelle Reaktionsfähigkeit ausgelegt sind. Ein wesentliches Merkmal dieser Transformation war die Abkehr von starren, hierarchischen „Command and Control"- Strukturen[45] hin zu einer Kultur, die auf **Dezentralisierung**, **Selbstorganisation** und **Auftragstaktik** basiert.

Moderne militärische Organisationen setzen heute verstärkt auf **Cyber-Sicherheit**, **digitale Plattformen** und **Datenanalyse**, um Bedrohungen in Echtzeit zu erkennen und darauf zu reagieren. Die Fähigkeit, sich schnell an neue Bedrohungsszenarien anzupassen und in interdisziplinären Teams zu arbeiten, wird immer wichtiger.

Diese Ansätze haben mittlerweile auch den Weg in die zivile Unternehmenswelt gefunden. Viele Unternehmen orientieren sich heute an der VUCA-Theorie, um in einer

---

[45] Vgl. Diehl, Andreas, VUCA-World; https://digitaleneuordnung.de/blog/vuca-welt; abgerufen 18.04.22

zunehmend unsicheren und dynamischen Geschäftswelt zu navigieren. Sie setzen auf **agile Methoden**, **flache Hierarchien** und eine Kultur der **ständigen Anpassung**, um wettbewerbsfähig zu bleiben und schnell auf Veränderungen im Markt reagieren zu können.

– Orientierungshalt ist die militärische Variante der Reflexion

Der Begriff **„Orientierungshalt"** beschreibt im militärischen Kontext den kurzen, bewussten Stopp während einer Operation – meist einer Bewegung –, um sich neu zu orientieren: Wo befinde ich mich gerade? Stimmen meine aktuelle Richtung und meine Absicht noch mit dem Auftrag überein? Was ist der nächste Schritt? Diese bewusste Pause zur Reflexion über die eigene Position und die geplante Vorgehensweise hilft, Kurskorrekturen vorzunehmen und sicherzustellen, dass man nicht in die falsche Richtung „läuft".

Ein Orientierungshalt ist nicht nur physisch, sondern auch mental sinnvoll, um sicherzustellen, dass alle Beteiligten auf dem gleichen Stand sind und die Strategie weiterhin zielführend ist. Dieser Ansatz hat mittlerweile auch Einzug in die moderne Unternehmensführung und die agile Arbeitswelt gehalten. In einer Zeit, die von hoher Dynamik und ständiger Veränderung geprägt ist, bieten solche kurzen Reflexionsphasen eine Möglichkeit, sich an neue Gegebenheiten anzupassen und den Fokus auf die wichtigsten Prioritäten zu legen.

In der modernen Arbeitswelt spricht man oft von **„Retrospektiven"** in agilen Teams, die regelmäßige Orientierungshalte darstellen, um Prozesse, Projekte und Ziele zu überprüfen. Dies hilft Teams, sich kontinuierlich zu verbessern und flexibel auf Veränderungen zu reagieren.

Der Orientierungshalt hat auch in den Bereichen der **Digitalisierung** und der **Krisenbewältigung** an Bedeutung gewonnen. In Zeiten von Unsicherheit und schnellen technologischen Entwicklungen wird es immer wichtiger, regelmäßig innezuhalten, die Situation zu analysieren und strategische Entscheidungen zu überdenken. Unternehmen nutzen diesen Ansatz, um ihre digitale Transformation gezielt zu steuern, indem sie sich regelmäßig fragen: Stimmen unsere Ziele noch mit den aktuellen Marktbedingungen und Kundenbedürfnissen überein? Müssen wir unsere Ressourcen neu ausrichten oder unsere Strategie anpassen?

Ein regelmäßiger Orientierungshalt, ob im militärischen oder zivilen Kontext, hilft nicht nur, Kurs zu halten, sondern stärkt auch die Fähigkeit, sich in einer komplexen und sich schnell verändernden Welt erfolgreich zu bewegen.

— **Der Schritt zurück von der Karte beschreibt den Wechsel zwischen dem Blick aufs Detail und aufs große Ganze**

Der **„Schritt zurück von der Karte"** beschreibt im militärischen Kontext den bewussten Vorgang, nicht zu nah an der (auch digitalen) Lagekarte zu stehen, sondern einen Schritt zurückzutreten, um das größere Bild zu erfassen. Anstatt sich in Details zu verlieren, ermöglicht dieser Perspektivwechsel, die Gesamtsituation im Blick zu behalten und Zusammenhänge zu erkennen.

Dieser Schritt zurück dient dazu, eine ganzheitliche Sicht auf alle relevanten Informationen zu bekommen und nicht in einer **Tunnelperspektive** zu verharren. Nur wer den Überblick über die Gesamtlage hat, inklusive der eigenen Verantwortung und der Interessen der beteiligten Akteure, kann fundierte und strategisch sinnvolle Entscheidungen treffen.

Dieser Ansatz hat in der heutigen Arbeitswelt und im digitalen Zeitalter zunehmend an Bedeutung gewonnen. In einer Zeit, die von schnellen Veränderungen und Informationsüberflutung geprägt ist, ist es für Führungskräfte und Teams entscheidend, regelmäßig „zurückzutreten" und das große Ganze zu betrachten. Dies gilt besonders in agilen Arbeitsumgebungen und bei der **Digitalisierung von Prozessen**, wo die Gefahr einer Überfokussierung auf Mikromanagement oder die Optimierung einzelner Aspekte besteht und der Blick für das Gesamtbild verloren geht.

Ein „Schritt zurück" kann auch als **Strategie-Retreat**, oder **Review-Meeting** interpretiert werden, bei der Führungskräfte und Teams die Möglichkeit haben, aktuelle Projekte und Prozesse zu reflektieren, Zusammenhänge zu erkennen und ihre Strategien anzupassen. Diese Praxis ist nicht nur im Militär, sondern auch in Unternehmen und Organisationen unerlässlich, um langfristig erfolgreich zu sein.

Durch diesen Perspektivwechsel wird es möglich, Prioritäten neu zu setzen, Ressourcen gezielt zu allokieren und potenzielle Risiken rechtzeitig zu erkennen. Die Fähigkeit, das große Ganze zu sehen, hilft nicht nur dabei, bessere Entscheidungen zu treffen, sondern auch die **Unternehmenskultur** in Richtung Offenheit, Flexibilität und strategischem Denken zu entwickeln.

- **Das Prinzip „Führungskräfte essen zuletzt"
  beschreibt „servant leadership"**

In der heutigen Welt, in der Führung oft mit Macht und Autorität gleichgesetzt wird, erinnert uns ein Grundsatz aus dem Militär an die wahre Bedeutung von Leadership: „Führungskräfte essen zuletzt." Diese einfache, aber tiefgründige Philosophie wird in Streitkräften wie dem US-Marine Corps und der Bundeswehr ganz selbstverständlich gelebt – ohne expliziten Befehl, sondern aus tief verwurzelter Überzeugung.

In seinem Buch *„Gute Chefs essen zuletzt"*[46] beschreibt der ehemalige Generalleutnant George L. Flynn, dass Offiziere im Feld immer als Letzte essen. Dieser Grundsatz mag trivial erscheinen, doch er symbolisiert ein mächtiges Prinzip: Wer führt, trägt die Verantwortung für das Wohl seiner Geführten. In der Praxis bedeutet das, die eigenen Bedürfnisse hintanzustellen und das Wohl des Teams in den Vordergrund zu rücken. Dies ist der Kern des „servant leadership"-Ansatzes, der 1970 von Robert Greenleaf geprägt wurde.

Warum ist das so wichtig? Gute Führungskräfte zeichnen sich nicht durch ihre Position oder ihren Titel aus, sondern durch ihr aufrichtiges Interesse am Wohlergehen derer, die sie führen dürfen. Sie verstehen, dass das Privileg des Führens mit der Verantwortung einhergeht, die eigenen Interessen hintenanzustellen. Sie schaffen eine Kultur des Vertrauens und der Loyalität, indem sie sich selbst zurücknehmen und anderen den Vortritt lassen.

---

[46] Sinek, Simon, Gute Chefs essen zuletzt, München (Redline Verlag) 2021, S. 9

Das Prinzip „Führungskräfte essen zuletzt" ist mehr als nur eine Metapher. Es ist ein Ausdruck von Empathie, Selbstlosigkeit und Verantwortungsbewusstsein – Qualitäten, die in jeder Organisation den Unterschied zwischen durchschnittlicher und herausragender Führung ausmachen können.

– Assessment-Center gab es schon vor über 1400 Jahren

Assessments, wie sie heute bei der Personalauswahl genutzt werden, gehen im Ursprung auf das Militär zurück. Schon um 600 n.Chr. gab es in China Auswahlverfahren für öffentliche Bedienstete. Dabei handelte es sich noch nicht um psychologische Verfahren, einzig die Standardisierung der Übungen stellt die Nähe zum Auswahlverfahren in einem Assessment-Center (AC) dar.

Mitte der 1920er Jahre entstanden dann die **Offizierauswahlverfahren** im deutschen Militär. Die AC gehen auf Tests zurück, denen die deutsche Reichswehr nach dem Ersten Weltkrieg Offizieranwärter unterzog. 1920 gründete die Universität Berlin ein psychologisches Forschungszentrum im Auftrag des Reichswehrministeriums. Johann Baptist Rieffert, Leiter des Instituts, entwickelte das AC-Verfahren. Sein Ansatz lag auf der ganzheitlichen Betrachtung des Kandidaten. Bereits im Ersten Weltkrieg waren erstmals psychologische Testverfahren eingesetzt worden, um Offiziere, Flugzeugführer, Kraftfahrer und Funker auszuwählen. Ab 1927 durfte kein Offizier der Reichswehr ernannt werden, der nicht zuvor erfolgreich das *heerespsychologische Auswahlverfahren* durchlaufen hatte. Damals gab es als Neuerung „führerlose Gruppendiskussionen". Ziel war es, die Auswahl von Offizieren von der sozialen Herkunft und dem Status der Teilnehmer zu lösen sowie die Persönlichkeit der Bewerber umfassender zu ergründen. Diese Neuerungen bei den diagnostischen Verfahren zur Personalauswahl sollten die Diagnose der Gesamtpersönlichkeit ermöglichen und somit die Chancengleichheit und Gerechtigkeit bei der Auswahl gewährleisten.

– Der autoritäre Führungsstil hat viele Vorteile

Aus naheliegenden Gründen existiert dieser Führungsstil in den Streitkräften. Aber er ist nicht der vorherrschende – eher findet man die transformationale Führung oder beratende, kooperative und delegative (Auftragstaktik) Führungsstile. Dennoch hat der autoritäre Führungsstil Vorteile. Krieg ist chaotisch, laut und wirr. Der einzelne Soldat verfügt über einen begrenzten Gefechtsausschnitt, komplexe Anforderungen und enormer Stress wirken auf ihn ein. In dieser Situation wären Diskussionen oder Abweichungen fatal. Allein der Zeitfaktor erlaubt keine Diskussionen. Dies ist allen Beteiligten klar, und daher wird autoritäres Führen auch nicht als „schlimm" angesehen[47].

Es gibt beim Militär immer wieder herausragende Führungspersönlichkeiten, die auch für einen „robusten" Führungsstil bekannt sind. Daraus generieren sich oft auch Spitznamen. Dennoch: Sie werden respektiert! Strenge gleichen sie durch Fairness, klare Linie und feste Strukturen aus. So sind Soldaten in der Lage, sich auf diese Führer einzustellen[48].

---

[47] Vgl. Kirstges, Führe!, a.a.O., S. 38
[48] Vgl. Kirstges, Führe!, a.a.O., S. 30

Auch bei der Feuerwehr im Einsatz oder im Cockpit eines Luftfahrzeuges ist der autoritäre Führungsstil durchaus vorzufinden. Und selbst in Wirtschaftsunternehmen gibt es Situationen, in welcher klare, knappe Ansagen (z.B. bei ausgewachsenen Krisen) benötigt (und erwünscht!) werden.

Aber auch **Laissez-faire** gibt es beim Militär. Nach besonders stressigen Situationen oder nach langen harten Tagen muss man Soldaten auch einfach mal „laufen" lassen. Eben Fünfe mal gerade sein lassen, ohne dabei die Kontrolle zu verlieren oder die Disziplin aufzugeben[49].

Das richtige Verhältnis von „Härte" und Fürsorge schafft intrinsisch motivierte Gefolgschaft.

– 4 M: Man muss Menschen mögen

Eines der Kernprinzipien militärischer Führung, das auch in die zivile Welt übertragbar ist, lässt sich mit den Worten „Man muss Menschen mögen" zusammenfassen. Diese Maxime betont die Bedeutung zwischenmenschlicher Beziehungen in jeder Führungsrolle. Im militärischen Kontext bedeutet dies, dass ein Vorgesetzter, der seine Truppen erfolgreich führen möchte, nicht nur ihre Stärken und Schwächen kennen muss, sondern auch Empathie und Wertschätzung für die Menschen unter seinem Kommando aufbringen muss. Der Respekt vor dem Individuum und das Verständnis für persönli-

---

[49] Vgl. Kirstges, Führe!, a.a.O., S. 46

che Motivationen schaffen Vertrauen, das für das Zusammenwirken im Team und das Erreichen der gesteckten Ziele entscheidend ist.

Im zivilen Management ist dieses Prinzip ebenso gültig. Führungskräfte müssen die Bedürfnisse ihrer Mitarbeiter verstehen und auf menschlicher Ebene mit ihnen interagieren. Menschen, die sich respektiert und wertgeschätzt fühlen, sind motivierter, engagierter und loyaler. Dies gilt besonders in einer Arbeitswelt, die immer mehr auf Zusammenarbeit, Innovation und flexible Strukturen setzt. Führungskräfte, die „Menschen mögen", schaffen ein Umfeld, in dem Kreativität gedeihen kann und individuelle Stärken zur Erreichung gemeinsamer Ziele genutzt werden. (Siehe auch Kapitel 5: Kenne deine Mitarbeitenden)

— Entscheidungsfreude: Warum mutiges Handeln besser ist als Untätigkeit

Im Militär gilt ein Grundsatz, der über Erfolg und Misserfolg entscheiden kann: **Es ist besser, einen Entschluss zu fassen, der möglicherweise falsch ist, als sich gar nicht zu entscheiden.** In kritischen Situationen kann Unentschlossenheit fatale Folgen haben. Soldaten müssen oft unter hohem Druck und mit unvollständigen Informationen handeln. Dabei ist der Mut zur Entscheidung unverzichtbar, um Handlungsfähigkeit zu bewahren und Ziele zu erreichen.

Dieser Ansatz lässt sich nahtlos auf das zivile Leben und insbesondere auf die Geschäftswelt übertragen. In einer Zeit, in der Märkte sich schnell verändern und Unsicherheit allgegenwärtig ist, sind Führungskräfte gefordert, entschlossen zu handeln. **Es ist besser, unvollkommen**

anzupacken, als perfekt zu zögern. Dieses Motto betont, dass Fortschritt nur durch Aktion erreicht wird, selbst wenn nicht alle Variablen bekannt sind.

Unentschlossenheit kann zu verpassten Chancen, Wettbewerbsnachteilen und dem Verlust von Vertrauen innerhalb des Teams führen. Mitarbeiter erwarten von ihren Führungskräften Orientierung und die Fähigkeit, den Weg nach vorne zu weisen. Indem man Entscheidungen trifft und bereit ist, aus möglichen Fehlern zu lernen, fördert man eine Kultur des Wachstums und der Innovation.

Mutiges Handeln inspiriert und motiviert. Es zeigt Bereitschaft, Verantwortung zu übernehmen, und stärkt das Vertrauen in die Führung. Wie im Militär gilt auch im zivilen Leben: Wer vorangeht und Entscheidungen trifft, ebnet den Weg für Erfolg und Weiterentwicklung.

–   **Wirkung geht vor Deckung – die Kraft des Proaktiven Handelns**

Im militärischen Führungshandwerk gilt „Wirkung geht vor Deckung". Dies umschreibt, dass entschlossenes Handeln stets Vorrang vor einer defensiven Haltung haben sollte. In kritischen Situationen, in denen Handlungsdruck besteht, bedeutet dies, dass der Fokus auf der Wirkung – also dem Schuss – liegt, anstatt sich primär um den eigenen Schutz zu sorgen. Durch offensives Handeln wird die Initiative im Gefecht bewahrt, während ein zu starkes Bemühen um Deckung häufig dazu führt, dass Chancen ungenutzt verstreichen oder der Gegner die Kontrolle übernimmt.

Überträgt man dieses Prinzip in die zivile Führungspraxis, zeigt sich schnell, wie universell es ist. In Unternehmen, Organisationen und Teams begegnen Führungskräfte täglich Herausforderungen, bei denen sie Entscheidungen unter Unsicherheit treffen müssen. Zögern und das Streben nach völliger Absicherung führen oft dazu, dass Chancen verpasst und Veränderungen verschlafen werden. Wer stattdessen mutig vorangeht, eine klare Richtung vorgibt und proaktiv handelt, formt das Umfeld nach eigenen Vorstellungen.

Natürlich bedeutet „Wirkung vor Deckung" nicht, unüberlegt Risiken einzugehen. Es erfordert vielmehr eine fundierte Risikobereitschaft, die auf Vertrauen in die eigenen Fähigkeiten, ein gutes Verständnis der Situation und kluge Planung basiert. In der Praxis heißt das: Führungskräfte, die sich von dieser Maxime leiten lassen, wägen Risiken ab, treffen jedoch bewusste Entscheidungen, um Wirkung zu erzielen – sei es in Form von Marktführerschaft, Innovation oder der Gestaltung neuer Prozesse. Ihr Handeln zwingt andere, sich an ihren Schritten zu orientieren, anstatt nur auf äußere Einflüsse zu reagieren.

Diese Maxime bringt nicht nur Resultate, sondern inspiriert auch die Mitarbeitenden. Wer den Mut zur Initiative vorlebt, motiviert sein Team dazu, ebenfalls Verantwortung zu übernehmen und eigene Entscheidungen zu treffen. So wird aus „Wirkung vor Deckung" nicht nur eine taktische, sondern auch eine Führungsleitlinie, die sich in allen Ebenen der Organisation widerspiegelt.

– Ein Plan ist nur gut bis zum ersten Schuss –
  Flexibilität in der Umsetzung

Im Militär gilt: „Ein Plan ist nur gut bis zum ersten Schuss." Dieser Gedanke unterstreicht, dass selbst die bestmögliche Planung in der Realität auf unvorhergesehene Ereignisse trifft, die schnelle Anpassungen erforderlich machen. Ab dem Moment, in dem die erste unvorhersehbare Herausforderung auftritt, müssen Führungskräfte die Lage neu bewerten und oft improvisieren, um erfolgreich zu bleiben.

Doch bedeutet das nicht, dass die bereits erfolgte Planung wertlos wäre. Ganz im Gegenteil: Eine gute Planung legt das Fundament für effektives Handeln, denn sie zwingt dazu, sich intensiv mit der Ausgangssituation, möglichen Szenarien und Alternativen auseinanderzusetzen. Diese Vorbereitung schafft die nötige Grundlage, um flexibel auf Veränderungen zu reagieren. Führungskräfte, die gut vorbereitet sind, können schneller und überlegter Entscheidungen treffen, wenn es darauf ankommt, und Anpassungen vornehmen, die die ursprüngliche Strategie stützen.

Auch in der zivilen Führung ist dieses Prinzip von Bedeutung. Pläne bieten Orientierung und Struktur, doch die Realität – sei es in einem dynamischen Markt, bei technologischen Veränderungen oder unerwarteten Krisen – erfordert Flexibilität. Eine durchdachte Planung schafft die Basis für Anpassungsfähigkeit, weil sie auf fundiertem Wissen und einer umfassenden Analyse beruht. Führungskräfte, die diese Balance zwischen sorgfältiger Vorbereitung und der Fähigkeit zur agilen Anpassung meistern, sind dann in der Lage, in turbulenten Zeiten den Kurs zu halten und auf unerwartete Ereignisse souverän zu reagieren.

Zum Schluss

Die Auflistung von militärischen Führungsgrundsätzen und soldatischem Handwerk ist hier sicherlich nicht umfassend und abschließend behandelt worden. Dennoch sind dies aus Sicht der Verfasser die wesentlichen Punkte, die jederzeit in allen Führungssituationen erfolgreich Anwendung finden können – denn „**Wer nicht führt, wird geführt!**".

Der größte Unterschied zwischen den beiden Arbeitswelten (Militär und Zivilbetrieb) ist aber die Teamarbeit. „In der Armee spielen alle in einer Mannschaft, haben das gleiche Ziel. Im Zivilen dagegen gibt es Konkurrenz."[50]

Im Militär hat man Kameraden, im zivilen Kollegen – das ist ein Unterschied. Die Bundeswehr legt in ihrem Soldatengesetz §12 fest: „Der Zusammenhalt der Bundeswehr beruht wesentlich auf Kameradschaft. Sie verpflichtet alle Soldaten, die Würde, die Ehre und die Rechte des Kameraden zu achten und ihm in Not und Gefahr beizustehen. Das schließt gegenseitige Anerkennung, Rücksicht und Achtung fremder Anschauungen ein."[51]

---

[50] Vgl. Dowideit, Anette, Welt am Sonntag. Interview mit dem Reservisten John Flor; 28. Oktober 2007

[51] Gesetz über die Rechtsstellung der Soldaten (Soldatengesetz - SG) „Soldatengesetz in der Fassung der Bekanntmachung vom 30. Mai 2005 (BGBl. I S. 1482), das durch Artikel 6 des Gesetzes vom 11. Juni 2013 (BGBl. I S. 1514) geändert worden ist".

Hans-Christian Witthauer (geb. 1963) war von 1983-2008 aktiver Heeresoffizier und Berufssoldat. Er studierte an der Universität der Bundeswehr in Neubiberg von 1986-1989 Maschinenbau. Nach unterschiedlichen Führungsverwendungen absolvierte er von 1996-1998

die Generalstabsausbildung. Er war danach eingesetzt im BMVg, als Bataillonskommandeur und als Chef des Stabes der Panzer-Brigade 12. In den letzten beiden Verwendungen war er auch im Auslandseinsatz sowie im Katastropheneinsatz.

2008 wechselte er zur Bundesagentur für Arbeit (BA). Dort baute er die Führungsakademie der BA auf und war zugleich deren Personalleiter. Damit war er verantwortlich für die Führungskräfteentwicklung, die Hochschule der BA, die Aus- und Weiterbildung sowie das Recruiting. In dieser Funktion gestaltete er zusammen mit Thomas Saller das prämierte Projekt „In Führung gehen", einer Führungskräfteschulung für knapp 5000 Führungskräfte. Zudem etablierten sie ein Führungsmodell, das im Wesentlichen auf den hier dargestellten militärischen Grundsätzen beruht. Ende 2015 wechselte er in der Flüchtlingskrise zum Bundesamt für Migration und Flüchtlinge und war dort als Leiter der Zentralabteilung für den Aufwuchs von 2.800 auf 10.000 Mitarbeiter/innen innerhalb von acht Monaten verantwortlich.

2017 wurde ist er Vizepräsident und CTO der Zentralen Stelle für Informationstechnik im Sicherheitsbereich (ZITiS), einer Cyber-Behörde im Bereich des Bundesinnenministeriums.

Seit 2024 ist er Vorstand der Bayerischen Verwaltungsschule.

Herr Witthauer ist Oberst der Reserve und stellvertretender Sprecher im Beirat für Fragen der Inneren Führung des Bundesverteidigungsministers. Er hat zudem Lehraufträge an verschiedenen Hochschulen insbesondere zu den Themen Führung und Management.

Bei der Entstehung und Revision des Buches wurde er von **Hauptmann Nico Witthauer**, Kompaniechef einer Panzergrenadierkompanie der Bundeswehr wesentlich unterstützt; er fungiert quasi als Co-Autor.

Thomas Saller (geb. 1977) ist seit 20 Jahren als Coach, Berater und Trainer für Führungskräfte tätig. Er studierte an der Universität Mannheim und der Universidad Complutense de Madrid von 1997 bis 2003 Psychologie und Betriebswirtschaftslehre und komplimentierte seine Ausbildung von 2010 bis 2012 mit einem Executive MBA von der Durham Business School.

Nach unterschiedlichen Stationen beim Konsumgüterkonzern Procter & Gamble und bei der Unternehmensberatung Kienbaum Management Consultants wurde er 2010 Director Leadership Development an der EBS Business School in Oestrich-Winkel.

Die schon in den „Nuller-Jahren" begonnene Tätigkeit als Change-Berater, Trainer und Führungskräfte-Coach rückte in den letzten zehn Jahren zunehmend mehr in den Fokus seiner Tätigkeit. So hat Saller in den vergangenen Jahren fünf Bücher zum Themenkomplex Führung verfasst, unterrichtet Change Management und

Leadership insbesondere für MBA- und Master-Studenten an verschiedenen Universitäten im In- und Ausland (z.B. an der Surrey Business School in England, der Tongji Universität in Shanghai und der FOM in Deutschland) und hat fast 10.000 Führungskräfte und Führungsnachwuchskräfte in über 50 internationalen Organisationen und Unternehmen (von der USA über Israel bis China) begleitet.

Carola Hartmann Miles-Verlag

<u>Standpunkte und Orientierungen</u>

Uwe Hartmann (Hrsg.), *Lernen von Afghanistan. Innovative Mittel und Wege für Auslandseinsätze,* Berlin 2015.

Uwe Hartmann, *Hybrider Krieg als neue Bedrohung von Freiheit und Frieden. Zur Relevanz der Inneren Führung in Politik, Gesellschaft und Streitkräften,* Berlin 2015.

Florian Beerenkämper, Marcel Bohnert, Anja Buresch, Sandra Matuszewski, *Der innerafghanische Friedens- und Aussöhnungsprozess,* Berlin 2017.

Martin Sebaldt, *Nicht abwehrbereit. Die Kardinalprobleme der deutschen Streitkräfte, der Offenbarungseid des Weißbuchs und die Wege aus der Gefahr,* Berlin 2017.

Christian J. Grothaus, *Der „hybride Krieg" vor dem Hintergrund der kollektiven Gedächtnisse Estlands, Lettlands und Litauens,* Berlin 2017.

Uwe Hartmann, *Der gute Soldat. Politische Kultur und soldatisches Selbstverständnis heute,* Berlin 2018.

Christian Bauer, Marcel Bohnert, Jan Pahl, *Vitalis Innere Führung! Zum Status Quo der Führungskultur in den deutschen Streitkräften,* Berlin 2019.

Helmut Jermer, *Innere Führung kompakt. Eine Zusammenschau als Lehr- und Lernhilfe,* Berlin 2019.

Martin Sebaldt, *Das Elend der Strategen. Warum die deutsche Militärpolitik versagt,* Berlin 2020.

Hannes Wendroth, *Gute Führung – (k)ein Selbstgänger. Kleine Führungshilfe mit praktischen Hinweisen und persönlichen Anmerkungen,* Berlin 2022.

Jahrbuch Innere Führung (seit 2009)

Uwe Hartmann, Claus von Rosen (Hrsg.), *Jahrbuch Innere Führung 2019. Bundeswehr im Aufbruch. Hindernisse von den verteidigungspolitischen Vorstellungen der AFD bis zu den sicherheitspolitischen Meinungen in der Zivilgesellschaft,* Berlin 2019.

Uwe Hartmann, Reinhold Janke, Claus von Rosen (Hrsg.), *Jahrbuch Innere Führung 2020. Zur Weiterentwicklung der Inneren Führung: Themen und Inhalte,* Berlin 2020.

Uwe Hartmann, Reinhold Janke, Claus von Rosen (Hrsg.), *Jahrbuch Innere Führung 2021/22. Ein neues Mindset Landes- und Bündnisverteidigung?,* Berlin 2022.

Uwe Hartmann, Reinhold Janke, Claus von Rosen (Hrsg.), *Jahrbuch Innere Führung 2022/23. Zeitenwende und Kriegsbilder,* Berlin 2023.

Uwe Hartmann, Reinhold Janke, Claus von Rosen (Hrsg.), *Jahrbuch Innere Führung 2023/24. Der Krieg in der Ukraine,* Berlin 2024.

Einsatzerfahrungen

Artur Schwitalla, *Afghanistan, jetzt weiß ich erst...,* Berlin 2010.

Sascha Brinkmann, Joachim Hoppe (Hg.), *Generation Einsatz. Fallschirmjäger berichten ihre Erfahrungen aus Afghanistan,* Berlin 2010.

Rainer Buske, *KUNDUZ. Ein Erlebnisbericht über einen militärischen Einsatz der Bundeswehr in Afghanistan im Jahre 2008,* Berlin 2015.

Marcel Bohnert, Andy Neumann, *German Mechanized Infantry on Combat Operations in Afghanistan,* Berlin 2016.

Alois Bach, Carola Hartmann (Hrsg.), *Unbekannte Helden des Alltags. Soldaten und Ehefrauen berichten über Verantwortung, Humanität und Belastung im Auslandseinsatz,* Berlin 2020.

Kurt Helmut Schiebold, *99 Tage in Afghanistan. Wie der deutsche Einsatz 2003 im Nordosten Afghanistans begann. Aus meinem Tagebuch,* Berlin 2022.

Christian Gerstner, *Unter dem Schwert. 15 Jahre im Kommando Spezialkräfte,* Berlin 2023.

Hagen Vockerodt, *1638 Tage im Krieg. Die Kehrseite der Einsatzmedaille,* Berlin 2024.

Sicherheitspolitik

Wolf Graf v. Baudissin, *Grundwert: Frieden in Politik – Strategie – Führung von Streitkräften, herausgegeben von Claus von Rosen,* Berlin 2014.

Oliver Schmidt, *Deutsche Außenpolitik und die Zukunft der nuklearen Teilhabe in der NATO,* Berlin 2017.

Dirk Freudenberg, *Theorie des Irregulären – Erscheinungen und Abgrenzungen von Partisanen, Guerillas und Terroristen im Modernen Kleinkrieg sowie Entwicklungstendenzen der Reaktion, (3 Bände),* Berlin 2017.

Markus Reisner, *Robotic Wars – Legitimatorische Grundlagen und Grenzen des Einsatzes von Military Unmanned Systems in modernen Konfliktszenarien,* Berlin 2018.

Pascal Riemer, *Von der russischen Kriegskunst. Eine Untersuchung der dialektischen Zusammenhänge von Staatsidee und Militärwesen am Beispiel der Sowjetunion und der Russischen Föderation,* Berlin 2021.

Georg Kunovjanek, *Cyber – Die Domäne der vernetzten Unsicherheit. Eine kritische interdisziplinäre Analyse des Krieges der Zukunft und seiner normativen Grundlagen,* Berlin 2021.

Joachim Weber (Hrsg.), *Konfliktraum Arktis. Die Großmächte und der Hohe Norden,* Berlin 2021.

Thomas Jäger, Ralph Thiele (Hrsg.), *Der Politische Islamismus als hybrider Akteur globaler Reichweite. Die liberale demokratische Ordnung muss ihre Resilienz stärken,* Berlin 2021.

Uwe Hartmann, *Die Nato. Mächte und Menschen in der transatlantischen Allianz,* Berlin 2021.

Dirk Freudenberg, *Wehrhaftigkeit der Medienordnung – Rechtliche und rechts-politische Probleme vor dem Hintergrund der Konzeption Zivile Verteidigung (KZV)*, Berlin 2022.

Carsten Rechtien, *Trumps Amerika – Eine geopolitische Revolution? Tradition und Neuausrichtung der US-Außenpolitik in der beginnenden Ära Trump*, Berlin 2022.

Hans-Peter Weinheimer, *Bevölkerungsschutz 2030 –Anleitung zur Überwindung eines "bewährten" Systems*, Berlin 2022.

Militär und Gesellschaft

Hans-Christian Beck, Christian Singer (Hrsg.), *Entscheiden – Führen – Verantworten. Soldatsein im 21. Jahrhundert*, Berlin 2011.

Marcel Bohnert, Lukas J. Reitstetter (Hrsg.), *Armee im Aufbruch. Zur Gedankenwelt junger Offiziere in den Kampftruppen der Bundeswehr*, Berlin 2014.

Eberhard Birk, Peter Andreas Popp (Hrsg.), *Luftwaffenoffizier 21. Das Selbstverständnis des Luftwaffenoffiziers zu Beginn des 21. Jahrhunderts, (aus der Reihe Schriften zur Geschichte der Deutschen Luftwaffe, Band 5)*, Berlin 2016.

Alois Bach, Walter Sauer (Hrsg.), *Schützen.Retten.Kämpfen. Dienen für Deutschland*, Berlin 2016.

Marcel Bohnert, Björn Schreiber (Hrsg.), *Die unsichtbaren Veteranen. Kriegsheimkehrer in der deutschen Gesellschaft*, Berlin 2016.

Angelika Dörfler-Dierken (Hrsg.), *Hinschauen! Geschlecht, Rechtspopulismus, Rituale: Systemische Probleme oder individuelles Fehlverhalten?*, Berlin 2019.

Erinnerungen

Blue Braun, *Erinnerungen an die Marine 1956–1996*, Berlin 2012.

Klaus Grot, *So war's, damals. Dienstchronik eines Pionieroffiziers im Kalten Krieg 1954–1991,* Berlin 2014.

Gustav Lünenborg, *Bürger und Soldat. Innere Führung hautnah 1956–1993, 1993–2015,* Berlin 2015.

Adolf Brüggemann, *Als Offizier der Bundeswehr im Auswärtigen Dienst. Meine Erinnerungen als Militärattaché in Seoul (Republik Korea) 1978–83 und in Prag (Tschechoslowakei/Tschechien) 1988–1993,* Berlin 2015.

Rainer Buske, *Eine Reise ins Innere der Bundeswehr. Wundersame Geschichten aus einer anderen Welt,* Berlin 2016.

Heinz Laube, *Duell am Himmel,* Berlin 2016.

Viktor Toyka, *Dienst in Zeiten des Wandels. Erinnerungen aus 40 Jahren Dienst als Marineoffizier 1966-2000,* Berlin 2017.

Hans-Eckhard Tribess (Hrsg.), *Im Leben unterwegs – für den Frieden. Festschrift für Wolfgang Altenburg zum 90. Geburtstag am 22. Juni 2018,* Berlin 2019.

Kurt Graf v. Schweinitz, *Notizen im Transit von Krieg und Frieden,* Berlin 2020.

Karl-Otto Behrendt, *Der kurze Bericht über eine lange Zeit. Kriegsgefangenschaft 1945–1953, herausgegeben und kommentiert von Hans-Günter Behrendt,* Berlin 2021.

Hans Peter von Kirchbach, *Herz an der Angel,* Berlin 2021.

Dieter Wolf, *Erlebnisse eines MAD-Offiziers und Leistungssportlers,* Berlin 2022.

Klaus Beckmann, *Dienstweg – kein Durchgang? Als Pfarrer und Staatsbürger in der Bundeswehr,* Berlin 2022.

Bernhard R. Kroener, *Lebensscherben – Hoffnungsspuren. Eine Familie aus Schlesien in den Stürmen des 20. Jahrhundert. In zwei Bänden. Eine dokumentarische Erzählung. Mit einer Familienstammfolge von Peter Bahl,* Berlin 2023.

www.miles-verlag.jimdo.com